不尽的

武复兴 著

Endless Stories of
Chang'an City

# 长安城

济南出版社

**图书在版编目（CIP）数据**

说不尽的长安城 / 武复兴著 . -- 济南：济南出版
社，2025.4. -- ISBN 978-7-5488-7105-7

Ⅰ . K294.11

中国国家版本馆 CIP 数据核字第 2025XL0401 号

说不尽的长安城
SHUO BU JIN DE CHANG'AN CHENG

武复兴　著

出 版 人　谢金岭
特约策划　王新民
责任编辑　范玉峰　李　敏　张冰心
特约编辑　郑世骏
特约摄影　谢　伟
装帧设计　胡大伟

出版发行　济南出版社
地　　址　山东省济南市二环南路 1 号（250002）
总 编 室　0531-86131715
印　　刷　济南新先锋彩印有限公司
版　　次　2025 年 4 月第 1 版
印　　次　2025 年 4 月第 1 次印刷
开　　本　155mm×230mm 16 开
印　　张　15.5
字　　数　173 千字
书　　号　ISBN 978-7-5488-7105-7
定　　价　78.00 元

如有印装质量问题 请与出版社出版部联系调换
电话：0531-86131736

# 序 言

王 庆

长安，秦之乡名，汉之都也。

班固于《两都赋》中云："汉之西都，在于雍州，实曰长安。左据函谷、二崤之阻，表以太华、终南之山。……是故横被六合，三成帝畿。周以龙兴，秦以虎视。及至大汉受命而都之也。"届此，长安、罗马东西遥望，文明交辉。长安之宫殿群、市井街更若班固云："建金城而万雉，呀周池而成渊。披三条之广路，立十二之通门。内则街衢洞达，闾阎且千。九市开场，货别隧分。人不得顾，车不得旋。阗城溢郭，旁流百廛。红尘四合，烟云相连。"

固慨然而曰："十分而未得其一端，故不能遍举也。"余读之叹曰："及周而今，长安都千余载，睥睨寰宇，名可谁齐？景可谁胜？"故长安向有史志载之，诗词吟之，浮图存之，碑帖拓之。遍观《三辅黄图校注》《西京杂记》《太平寰宇记》《雍录》《长安志》《游城南记》《金石萃编》《关中胜迹图志》诸籍，均涉长安史志并文学，多之不能胜举。

今人记长安文史者不寡，然以史话体著名者当属武伯纶、武复兴父子，姚敏杰、高长安诸君。迩来，出版家新民君赍送其师武复兴书稿《说不尽的长安城》嘱余为序，顺雅意，幸而援笔。

　　说起武家，或能攀上些许缘由。先前，阎良不曾从临潼分出，其家关山东兴村，共余同县。据武家后人云，清末其祖上自山东青州府益都县步徙而至，已逾百载，今业茂人众蒸蒸矣。昔20世纪前半叶，其族同时出了武伯纶、武笠青两个赤色俊彦，家声一时煊赫。余家居县西北西泉王庄，临渭相望。

　　伯纶先生，文化巨擘也，著名考古学家、文博专家。开吾国当代丝绸之路著作先河者，20世纪50年代秉言上书北京护西安城墙功著者，陪邓公游关中讲长安风情史而获大誉者。先生名在学界，更望重乡梓。先生与余师石兴邦有厚缘，与余伯尊祥往来从密，其为《临潼县志》所撰序言，余每拜读。憾不曾师。

　　未几，识其子复兴先生。复兴先生喜隐好静，然，媒体常见之。尔时，纸媒书报，屡见辞章；广播电视，频显声像。睹此情状，自为先生戚戚不平矣，愈敬心中师也。先生学名赫赫，诗名鼎鼎，常人不能望其项背也。先生苦著，若张载，偶得一句，辄夜起记之，焚膏继晷。先生执掌兰台十载余，规范严谨。某岁，余写康南海与卧龙寺事，涉《碛砂藏》，欲往省图书馆睹《碛砂藏》真迹，先生不私宽。夏，先生羽化，郑世骏、王新民等亲炙弟子，依先生遗愿，勔劳日夜，编成《复兴文选》，数百万言，皇皇三卷。

　　《说不尽的长安城》与《西安史话》可谓赓续血缘矣，更可上究至60多年前的《西安历史述略》。三书者，若祖孙三代，均武家父子之著说。"述略"者祖，"史话"者子，"说"者孙。"史话"者，开城邑写史之先例，为长安城学之奠基。此《说不尽的长安城》，为复兴先生四十五载心血结晶也。比"史话"而重审，较阙失而补遗。数易其稿而虑得失，加新章节而体丰腴。若更蓝田猿人时间，加彩色图片诸等；评介更格实，引文巧增删。加"关中东大门"一大节，结构腴丰全。猜想书名《说不尽的长安城》缘二：一是不与诸旧作混名，二是注新思想与最新考古成果。此书诗性表达，行文近雅颂耳。先生手段，每章节多引古诗词，读之若食甘饴；典籍掌故顺手拈来，宜洞烛意境。

探长安之厚重，慕古都之俨然。时下，通国传统文化之学渐热，树民族文化自信之望正迫，寻根问祖、探源考古之风正开，亲近山水人文自然人群渐众，《说不尽的长安城》将梓行，功莫大焉。

手抚旧稿，思追往昔，复兴先生已作古人也。唯绵绵思念仍萦绕于心。临文感怀，不知所言，是为序。

甲辰冬月于萱草园灯下

（王庆，陕西师范大学文学研究所兼职教授、中华诗词学会会员、文学评论家）

# 目 录

# 第一章 | 文化摇篮

+ 西安地处关中盆地中部，交通便利，物产丰富，背山面水，自然条件非常优越。从远古时期开始，我们的祖先就在这里劳动生息，用他们勤劳的双手开发了渭河两岸肥沃的土地，使西安一带成为中华民族的文化摇篮之一。

# 秦川的山山水水

西安旧名长安，是我国著名的古都之一。它位于陕西省渭河平原中部，北临奔腾的渭河，南靠巍峨的秦岭，西濒沣水，东边是浐河和灞河。大体上东南高而西北低，好像簸箕的形状，"被山带河"[①]，形势非常优越。

横贯陕西省的渭河，是哺育西安地区古代文明的重要自然条件之一。西起宝鸡峡、东到潼关县黄河港口的狭长平原，就是由渭河及其支流冲积而成的。平原的冲积层覆盖深厚，土壤疏松肥沃，河渠纵横，灌溉方便，号称"八百里秦川"，是我国古代著名的农作区。早在史前时期，我们的祖先就在这里定居下来，从事着原始的渔猎和农耕。周代初期，这里已经种植了大豆、谷子、糜子、小麦、麻、瓜等多种多样的农作物。[②]汉代著名史学家司马迁说："关中之地，于天下三分之一，而人众不过什三；然量其富，则什居其六。"[③]东方朔亦称关中是无

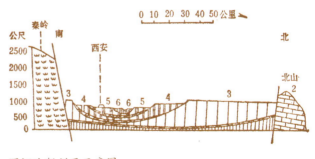

渭河地堑剖面示意图

---

① 《史记·秦始皇本纪》。

② 见《诗经·大雅·生民》。

③ 《史记·货殖列传》。

所不有的"陆海之地"①。

渭河在古代水上交通运输事业中，也有着相当重要的地位。汉、唐两代，江南的粮食和其他物资，都曾溯黄河而上，转渭水运到长安。为调度上、下行船只，汉代在黄河、渭河交汇处（今陕西省大荔县三河口附近），特别设置了"船司空"这一官职。由于渭水与长安距离接近、关系密切，古人往往把二者联系起来，因而有"秋风生渭水，落叶满长安"②，"行人莫问当年事，故国东来渭水流"③，"渭水桥边独倚阑，望中原是古长安"④等名诗佳句，流传至今。

泾河是渭河最大的支流，在关中的农田灌溉事业中发挥着重要作用。古代泾河流域曾经修了著名的郑国渠。相传，战国末期，在秦国日益强大的形势下，韩国为了使秦把注意力集中在国内问题上，以分散它攻打东方各国的精力，便于秦王政元年（公元前246年），派水工郑国去劝说秦国修一条从今天的陕西省泾阳县西北引泾河水，沿北山向东直达洛河，长三百余里的人工灌溉渠。秦国采纳了这个建议，并让郑国主持这项巨大的工程。当工程进行到一半时，秦国发现了韩国的阴谋，要杀掉郑国。郑国坦率地说："我开始的确是为了韩国，但水渠修成了，对秦国也有好处。我替韩国争得了迟灭亡几年的时间，却为秦国建立了可以万代享用的大功。"秦王政觉得郑国说得有道理，因而让他一直把渠修成。渠修好后，四万多顷干旱盐碱地都变成了水浇地，得到了大丰收。于是，关中成为"沃野"，

---

① 《汉书·东方朔传》。

② ［唐］贾岛：《忆江上吴处士》。

③ ［唐］许浑：《咸阳城东楼》。

④ ［明］王越：《长安怀古》。

清代董诰绘《泾清渭浊图》，刻画了泾河与渭河入陕西境内的水文地理状况

不再发生歉年；秦国从此富强起来，终于统一了全国。这条渠，就被命名为"郑国渠"①。秦国从实际出发，把坏事变成了好事，对国家、对人民都有好处。今天关中著名的泾惠渠的一些段落，大体就修在秦郑国渠的线路上。

汉武帝时期，又曾根据赵中大夫白公的意见，从谷口（今陕西省泾阳县西北）开渠引泾河水，向东至今西安市临潼区境流入渭河，灌田四千多顷，被称为"白公渠"②。汉代人民在《郑白渠歌》中赞扬说：

> 田于何所？池阳谷口。
> 郑国在前，白渠起后。
> 举锸为云，决渠为雨。
> 泾水一石，其泥数斗。

---

① 见《汉书·沟洫志》。
② 见《汉书·沟洫志》。

且溉且粪，长我禾黍。

衣食京师，亿万之口。

这首歌颂水利的民歌反映了这一带出产的丰富和在经济上与京
城长安关系的密切。

分别位于西安西郊的沣河和东郊的浐河，也是古代两条有
名的河流。西周都城丰京和镐京，就建筑在沣河两岸。《诗经》
里还有"丰水东注，维禹之绩"①的记载。浐河近在唐代长安
城东长乐坡下，古人往往于此送别，因而唐代诗人白居易在《长
乐坡送人赋得愁字》中幽默地说：

行人南北分征路，流水东西接御沟。

终日坡前恨离别，谩名长乐是长愁。

唐长安城内著名的曲江池、兴庆池的水，都从浐河引来。"流
水东西接御沟"，大约指的就是这类引水渠道。

浐河东十里许，是纵贯南北的灞河。灞河流量比较大，灞
桥又是东西往来的必经之路，因而秦、汉时期专门在桥上设置
检查机构。汉、唐时期，长安人有亲戚朋友出远门，往往一直
送到这里，折柳赠别，以表达依恋不舍之情，因而有"杨柳含
烟灞岸春，年年攀折为行人。好风倘借低枝便，莫遣青丝扫路
尘"②的诗句。《西安府志》说，古代在长达五里的河堤上，"栽
柳万株，游人肩摩毂击，为长安之壮观"。灞河两岸至今绿柳
成行，每当暮春时节，长桥跨河，水映蓝天，杨柳吐絮，风飘
万点，宛如雪花一般，此即关中著名的"灞柳风雪"胜景。

上述五条河流，再加上滈、涝、潏三水，便构成了司马相

---

① 《诗经·大雅·文王有声》。

② ［唐］杨巨源：《赋得灞岸柳留辞郑员外》。

八水绕长安

如在《上林赋》中所说的长安一带"荡荡乎八川分流"的形势。

长安城内外在古代还有许多因泉水汇集或由人工开凿而成的陂池。如城南的皇子陂、鲍陂、丰润陂、洛女陂、雁鹜陂、河池陂，城西的滈池、潏池、昆明池、定昆池、鹤池、盘池、牛首池，以及城内的兴庆池、曲江池、龙首池等。这些碧波荡漾的陂池，星罗棋布地点缀在长安四郊。它们的范围都很大，盛产蒲苇、鱼虾、莲藕、菰菜等。

渭河平原又名"秦川"，这大概与古代秦人长期在这里活动并建都有关。秦川处于群山环抱之中，它南靠秦岭，北部的梁山、黄龙山、尧山、嵯峨山、九嵕山、岐山连绵起伏，西有高大的陇山，东据险峻的崤山，形势非常险要，古代把它称为"四塞之国"[1]。又因为秦、汉以后崤山上设置了函谷关，西部秦岭山脊上设置了大散关，所以人们也把秦川称为"关中"。同时有人说，因为它的位置在函谷关、大散关，以及北部的萧关和南部的武关之中，所以称为"关中"。

---

[1] 《史记·苏秦列传》。

在环绕关中的山峦中，以秦岭山脉距离西安最近，而且关系也最密切。秦岭从咸阳武功县以东到西安蓝田县以西一段，又名"终南山""南山"或"太乙山"，它像屏风一般，屹立在西安南边。雨后天晴，遥望南山，重峦叠嶂，苍翠无际，因而唐人有"太乙近天都，连山接海隅"①和"重峦俯渭水，碧嶂插遥天。出红扶岭日，入翠贮岩烟。叠松朝若夜，复岫阙疑全"②的诗句。它那雄伟的山势、满坡的林木，以及变幻莫测的云海中的层层峰峦和道道幽谷，都使古往今来的游人为之倾倒。李白在《望终南山寄紫阁隐者》一诗中说："出门见南山，引领意无限。秀色难为名，苍翠日在眼。有时白云起，天际自舒卷。心中与之然，托兴每不浅。何当造幽人，灭迹栖绝巘。"王维也曾对着南山赞叹："白云回望合，青霭入看无。分野中峰变，阴晴众壑殊。"③即便是远远地望一眼，它也会给人以极大的美的感受。唐人窦牟有深刻的体会：

> 日爱南山好，时逢夏景残。
>
> 白云兼似雪，清昼乍生寒。
>
> 九陌峰如坠，千门翠可团。
>
> 欲知形胜尽，都在紫宸看。④

唐代长安大明宫位于龙首原上，地势高敞，视野开阔，的确是当时瞭望南山最理想的位置。

秦岭在靠近西安一段的著名峰峦，有太白山、南五台山、翠华山、骊山、华山等。这些山峰或峭壁特立，高耸入云；或

①［唐］王维：《终南山》。

②［唐］李世民：《望终南山》。

③［唐］王维：《终南山》。

④［唐］窦牟：《望终南》。

秦岭北麓的南五台山

密林曲径，果树满山；或温泉喷涌，景色宜人，都是著名的游览胜地。

翠华山距离西安比较近，山势波浪起伏，犹如翠屏环列。山顶有一泓名为"太乙池"或"龙移湫"的水池，相传是唐代山石崩裂后形成的。掩映于花草树丛中的这一汪池水，恰似镶嵌于云端的一块碧玉。池附近的"冰洞"中，即使是在盛夏酷暑时节，也照样悬挂着晶莹的冰柱；又有"风洞"，其中风声呼呼，冬夏如一。玉案峰、金华洞等地高而且险，不易攀登，因而古代有"云从玉案峰头起，雨自金华洞口来"的诗句。山上如今盛产核桃、柿子，是关中著名的游览和避暑胜地。

民间传说，从前陕西泾阳县有位心灵手巧、名叫翠华的姑娘。她为了躲避不顺心的婚姻而逃往终南山，等家里人赶到的时候，已坐化成仙。此后人们便把这座山叫作翠华山，并在山上修了翠华娘娘庙，以纪念这位不幸的姑娘。神话故事更给终南山增添了光彩。

　　骊山在西安市以东二十多公里的地方，相传因它形似一匹纯黑色的骏马而得名。雅秀的骊山加上山下著名的温泉，形成了这里独特的风格。无怪乎在很久之前，这里就成为人们向往的地区，并不断受到骚人墨客的歌颂，正如一首古诗中所说："骊山秀色古今同，尽入诗人感慨中。"①神话传说，远古时期，女娲氏曾在骊山居住过。当时，共工氏与颛顼为争夺帝位而互相攻伐，共工氏战败后，用头碰倒了不周山，使得天塌地陷，遍地洪水。就是这位女娲氏，千辛万苦地炼出五色彩石，补好了苍天；又用芦草灰填平了洼地，赶走了洪水，解除了人民的苦难。因而，她一直是人们心目中的女英雄。骊山女娲谷，就是人们为纪念这位女英雄而命名的。

　　女娲氏，后来又在传说中演变成神奇的骊山老母。骊山老母的经历也很不平凡。《论语·泰伯》中记载，周武王曾说，帮助他治理好国家的功臣有十个人。孔子却认为："有妇人焉，九人而已。"据清代学者俞樾考证，不被孔子视为功臣的那位妇人，就是骊山老母。这位妇人，是曾经帮助周武王打败商朝、统一全国的一个部落的女首领。无疑，女娲氏或骊山老母，都是古代女性部落首领在神话中的反映。

　　新中国成立前，在临潼区骊山一带，民间有一种特殊的风俗，就是每年正月二十日，家家烙大饼吃，并且照例要往房顶上抛一块饼，以纪念曾经补过苍天、为人们办了好事的女娲氏。今天骊山第二峰上的老母殿，则是古代为供奉骊山老母而修建的。

　　骊山山顶有烽火台遗址，相传是周幽王为博得褒姒一笑而戏举烽火的地方。第三峰上的老君殿，是唐代华清宫中的朝元

①［宋］朱光庭：《华清偶成》。

阁所在地。大约到宋代，这里还保存着一些原来的建筑物，宋代杜常《题华清宫》诗云：

> 行尽江南数十程，晓风残月入华清。
> 朝元阁上西风急，都入长杨作雨声。

朝元阁中原来有一尊雕刻精美的老子像，相传是唐代雕塑大师元伽儿的作品。老子像造型端庄，像座花纹流丽大方，现保存在西安碑林博物馆。

骊山半山腰一块壁立的巨石下，有一座亭子，名叫"兵谏亭"，是1936年12月12日"西安事变"发生时，蒋介石仓皇逃跑而被捉住的地方。从这里向东遥望，约五公里许，那平川中耸起的一座小土山包，就是驰名古今中外的秦始皇陵了。

骊山山麓的温泉早已名满天下。在两千多年前，人们已发

骊山华清宫（华清宫景区供图）

现泉水有养生作用。所以，秦代在这里修了骊山汤，并从咸阳和阿房宫向东修了八十余里长的阁道通往骊山。神话传说，秦始皇在骊山遇到神女，行为放肆，被唾一脸，随即生疮。秦始皇赔礼求告，神女又用温泉水给他洗好，因而人们将这处温泉命名为神女汤泉。东汉时的张衡在《温泉赋》中描绘各地人们纷纷来这里游览、沐浴的盛况："于是殊方跋涉，骏奔来臻，士女煜其鳞萃，纷杂沓其如烟。"北魏人元苌在《温泉颂》中也说："千城万国之民，怀疾枕疴之客，莫不宿粮而来宾，疗苦于斯水。"

唐贞观十八年（644年），著名建筑设计家阎立德在这里主持修了汤泉宫，671年改名为温泉宫。唐玄宗时期，又大加扩建，修筑了新的池台楼阁，并修了外郭城、百官衙署和公卿府第，"大抵宫殿包裹骊山一山，而缭墙周遍其外"①，改名为华清宫。唐玄宗在每年十月，带着杨贵妃和朝廷百官到这里避寒，年终才返回长安。这里事实上成了临时国都，所谓"千官扈从骊山北，万国来朝渭水东"②，正反映了这种情况。

杨贵妃本来是唐玄宗第十八个儿子寿王李瑁的妃子，后来被唐玄宗霸占去。唐代诗人李商隐在《骊山有感》中讽刺说：

> 骊岫飞泉泛暖香，九龙呵护玉莲房。
>
> 平明每幸长生殿，不从金舆惟寿王。

华清宫有一组庞大的宫殿群。唐玄宗居住在飞霜殿，殿南专为他修了洗澡的九龙殿。九龙殿又名莲花汤。文献记载，这个浴池"周环数丈，悉砌以白石，莹澈如玉，面皆隐起鱼龙花鸟之

---

① 《雍录》。

② ［唐］卢象：《驾幸温泉》。

状。四面石坐阶级而下，中有双白石莲，泉眼自瓮口中涌出，喷注白莲之上"①。莲花汤西是芙蓉汤，又名海棠汤，为杨贵妃专用的浴池。白居易的"春寒赐浴华清池，温泉水滑洗凝脂。侍儿扶起娇无力，始是新承恩泽时"②，活画出了这位得宠的妃子在这里沐浴后的娇态。

前边提到的朝元阁之东有长生殿，是皇帝去朝元阁祭祀老子前举行斋戒仪式的地方。唐玄宗晚年专宠杨贵妃，因而连举行宗教仪式的长生殿，也常带着她去游玩。白居易《长恨歌》中的"七月七日长生殿，夜半无人私语时。在天愿作比翼鸟，在地愿为连理枝"，写的就是这类事。

杨贵妃好吃新鲜荔枝，唐玄宗常命人骑快马从涪州（今重庆市涪陵区）运送。荔枝到长安色味不变，但苦了运送者，往往"人马僵毙，相望于道"。杜牧在《过华清宫绝句》中抨击这种情况说：

> 长安回望绣成堆，山顶千门次第开。
>
> 一骑红尘妃子笑，无人知是荔枝来。

骑者飞马而过，旁观者还以为是在传送国家紧急公文呢。只有贵妃笑逐颜开，知道是为她送荔枝来了。对这种劳民伤财的做法，多少年之后，宋代的苏轼还在感叹："宫中美人一破颜，惊尘溅血流千载。"③除新鲜荔枝外，皇家贵族还要求比正常季节早几个月吃到春瓜。唐代诗人王建在《宫前早春》中记叙这件事说：

---

① 见《贾氏谈录》，转引自《关中胜迹图志》。

② ［唐］白居易：《长恨歌》。

③ ［宋］苏轼：《荔枝叹》。

酒幔高楼一百家，宫前杨柳寺前花。

内园分得温汤水，二月中旬已进瓜。

只有这种专为皇家务作瓜果的"内园"，才能分用温泉之水，栽培出早熟的瓜果来，贡奉皇家享用。

骊山东、西绣岭之间有石瓮谷，因石鱼岩有直下数十丈的瀑布，将谷中巨石冲激成瓮形而得名。唐代，瀑布附近建有石瓮寺，又有绿阁、红楼等建筑物。这里在水源充沛时，飞泉百尺，水流淙淙，山深林静，曲道盘空，与山前相比，另有一番风光。

骊山而今遍植青松、翠柏，杂以桃、杏，每当夕阳西下，云霞满天，山色绮丽。"入暮晴霞红一片，尚疑烽火自西来"，就是关中著名的"骊山晚照"的景色。

山下的华清池，新中国成立后屡经扩建，早已面目一新。现有浴池面积约三千平方米，一次可供四百余人沐浴。温泉水每小时流量一百一十余吨，水温达四十三摄氏度。水中富含石灰质、碳酸锰、碳酸钠、二氧化硅等矿物质。除适宜一般洗浴外，对风湿病、关节疼、消化不良、四肢麻痹，以及多种皮肤病，都有一定缓解作用。

浴池南的荷花池中有荷花阁，阁旁芙蓉出水，碧波倒影，小桥曲栏，美景如画。池西岸的贵妃池，相传是杨贵妃当年沐浴过的"芙蓉汤"旧址。

山脚下的古式建筑五间厅，是1936年"西安事变"前夕，蒋介石住宿的地方。事变短暂激战时留在五间厅门窗玻璃上的弹孔，至今依然存在。由五间厅向东拾级而上，过望河亭、棋亭，出华清池东门，就是逶迤曲折通向峰顶的山路。

1954年后，华清池西部新建了金碧辉煌的九龙汤。四周

长生殿（华清宫景区供图）

很多宫殿式建筑，都沿用唐代华清宫建筑物旧名。

如今，整个华清池绿树成荫，花卉遍地；亭台楼阁，曲道回廊；池鱼逐食，山鸟飞鸣；四周又有丰富多彩的文物古迹，因而吸引了众多的中外游客。

西安附近，还有很多高而且平的原。这就是东南面的神禾原、少陵原（又名鸿固原、杜陵原）、白鹿原；北面的龙首原、咸阳原等。此类地形陂陀起伏，富于变化，也便于登临远眺。李白在《杜陵绝句》中说：

南登杜陵上，北望五陵间。

秋水明落日，流光灭远山。

诗句生动地描绘出了诗人在高原上所见的水映落日、山光明灭的动态景色。

原与原之间形成了条条川道，其中以位于西安城南神禾原与少陵原之间的樊川最为著名。樊川是古代樊乡的所在地，长三十余里，潏河纵贯其中，清流沃野，物产丰盛。唐代诗人杜甫曾在《奉陪郑驸马韦曲二首》中这样描绘樊川一带的绮丽景色："韦曲花无赖，家家恼杀人。""野寺垂杨里，春畦乱水间。美花多映竹，好鸟不归山。"清代的王士禛，也在《樊川桃花》中用他的彩笔为樊川作画：

> 三月樊川路，红桃散绮霞。
> 终南青送黛，潏水碧穿沙。
> 草色裙腰合，渠流燕尾叉。
> 销魂过杜曲，一树最天斜。

诗中提到的"杜曲"，位于樊川中部，是这一带的重镇。这里山光水色，风物秀丽，因而古代又有"杜曲花光浓似酒"的诗句。

新中国成立之后，人民成为这鸟语花香、盛产米粮之川的主人。而今的樊川，池塘河渠成网，桃李稻麦交织；黄墙红瓦，碧树蓝天，工厂、学校、疗养院林立；五台、翠华诸峰耸立于眼前，正是一幅江山如此多娇的动人图画。

古代渭河平原与外地的交通也是很发达的。据《史记·货殖列传》记载，早在秦文公、穆公、孝公时期，关中就与西北、西南各地保持着密切的商业联系。云贵、巴蜀、甘肃、青海等地的大量物资，都源源不断地运到关中。秦统一全国后，又增修了辐射全国的驰道。特别是汉、唐时期，长安是全国政治、经济、文化的中心，处于与西方各国往来比较方便的地理位置，所以成为通向中亚、西亚，甚至欧洲各地的著名的"丝绸之路"的起点，交通事业更得到了空前的发展。

从上边的介绍可以看出，关中平原的确是一个土地肥沃、物产丰富、交通便利、形势险要的地区。无怪乎从西周开始，秦、西汉、前赵、前秦、后秦、西魏、北周、隋、唐十个王朝[①]，都把都城建立在长安或其附近，时间长达一千多年。所谓"秦中自古帝王州"[②]，正反映了这一情况。无疑，这如画般的自然环境和优越条件，是我们祖先从遥远的古代开始，用他们的智慧和双手，通过多少万年艰苦的劳动，才开发创造出来的。

---

① 编者按：关于在西安建都的朝代数量，又有"十三朝""十六朝"等观点。

② ［唐］杜甫：《秋兴八首·其六》。

# 活动在关中原野上的先民

在远古时期，我们的祖先所生活的关中地区，气候炎热，雨水充沛。那时，这里遍地荆棘和原始森林，到处出没着老虎、大象、巨蟒等热带或亚热带动物，自然环境与现代有很大的不同。根据发现蓝田猿人和大荔猿人头盖骨化石的地点看，原始人类当时一般都居住在靠近河流的地方。

从 1963 年到 1966 年，在西安市东南的蓝田县陆续发现了猿人的下颌骨、头盖骨，以及许多石器。经科学家研究，这是距今 100 多万年以前，活动在这一带的人类的遗骸及其使用过的工具。猿人头盖骨的枕部宽而圆钝，骨壁很厚；额部低平，明显向后倾斜；眉脊粗壮，眼眶略呈方形；唇部外伸，牙齿粗大；特别是脑容量仅约七百八十毫升，略微超过现代猿类中的最大脑容量，比北京猿人中脑容量最小的八百毫升还要少。上述特征说明，这是我国目前所知仅晚于云南"元谋人"的古人类化石，已被定为"蓝田猿人"或"蓝田中国猿人"化石。

在出土蓝田猿人化石的土层中发现的石制器具，有刮削器、石片、石核、大尖状器等。这些都是直接打制而成的非常简单粗糙的石器，但这有力地说明，蓝田猿人已经是不同于动物的人类。

蓝田地区位于关中平原东南部灞河上游的秦岭北麓。从与出土猿人头骨同一地区出土的动物化石看，这里当时有硕猕猴、小熊猫、大熊猫、貘、大角鹿、水鹿、羚羊、三门马、犀牛、獏、剑齿虎、剑齿象、丽牛等伴生动物。山坡上长满了松、柏、桦、鹅耳枥等高大的树木；气候温暖湿润，草木茂盛，背山面水，有丰富的兽肉和野果，正是古人类理想的生活环境。

蓝田猿人和其他动物化石的发现，使我们了解到当时西安一带的自然环境是多么不同于现在，也了解到当时的人类本身是多么不同于现在。而这种人正是我们的祖先。他们就是用那样几种粗笨的工具，披荆斩棘，打击猛兽，用自己的双手和汗水逐渐地改变了大自然的面貌，开辟了现在关中地区最早的文化园地；同时，也改造了他们自身。

在西安附近的眉县、乾县、铜川、大荔等地，也先后发现过原始人类打制的石球、手斧、砍砸器等劳动工具。这些石器告诉我们，远古人类曾经长时期在西安周围活动。

从三四万年前开始，关中地区逐步从原始社会进入氏族公社时期。而氏族公社时期经历了母系氏族公社和父系氏族公社

蓝田猿人遗址（谢伟供图）

两个阶段。

在西安附近和整个渭河流域，已经发现了很多新石器时代的遗址。其中，以半坡遗址最为典型。

"半坡人"居住在西安市东郊浐河东岸的台地上。在古代，这里的自然条件，非常有利于他们从事农耕、渔猎和畜牧。遗留至今的住房痕迹和他们所使用过的工具等，说明这是一个大约六七千年前的母系公社村落遗址。1958年，这里建成了我国第一座宏大的遗址博物馆。

半坡博物馆保留的遗址和展出的各种出土文物，说明半坡人以农耕和渔猎为生。他们会制造很多精巧的工具，有了纺织和烧制陶器的手工业，身穿衣服，建筑了能够抵御风寒的房屋，生活在有组织的公社之中。他们以蓝田猿人根本不能比拟的崭新面貌，出现在历史舞台上。

他们所使用过的遗留至今的工具，如石刀、石锛、石铲、

西安半坡博物馆

骨矛头、骨镞、骨鱼叉、鱼钩、石网坠、骨针等，都反映了当时人们对农耕和渔猎的重视。这些石器，大部分是磨制而成的。鱼钩和针制作得非常精美，几乎和现代钢制品的外形没有区别。石纺锤和陶纺锤，是我们今天所能见到的最早的搓线工具。

陶器是母系氏族公社时期的重大发明，也是当时人们生活中使用最多、最重要的生活用具。在半坡文化遗址居住区东侧发现的烧制陶器的火窑，不仅能使我们对当时的炉窑有一个具体的了解，也使我们看到当时的人们对陶器生产的重视。可以想象，我们的祖先昼夜不停地冒着酷热，流着大汗，被炉火照得满脸通红，在炉前烧制陶器的情景。

半坡陈列室陈列的出土文物清楚地告诉我们，这些能工巧匠烧制出的陶制品，有饮食用的器具，有做饭用的器具，有盛水的器具和储藏物品的器具，等等。从其形状来看，有盆、碗、壶、盘、盂、杯、瓮、瓶、罐等，几乎包括了现代陶瓷用品中所有的品类。其中，能利用蒸汽蒸饭的陶甑，以及合乎重心原理、便于从河中打水的尖底瓶，更说明半坡人对物理的深刻了解和运用。

陶器表面的图案装饰，一类属于器物本身的纹饰，有绳纹、线纹、锥刺纹和编织纹等。粗砂陶器上大多用比较粗放的绳纹，而细砂陶器上则多采用线纹和锥刺纹。另一类是装饰性的彩绘。这类图案反映了仰韶文化的特色，也是当时文化艺术成就的最好代表。图案用铁矿石或氧化锰等天然矿物做颜料，画在器物的外

半坡遗址出土的人面鱼纹陶盆（现藏于中国国家博物馆）

面或内壁的上半部。其中，以方格形、三角形、带形等几何图案和色彩绚丽的花卉图案为最多。

其次还有圆点纹、线纹、波折纹，以及象生性的人或动物的图案。那口衔双鱼的人面形，飞奔的鹿和张着大口的鱼，线条简洁传神，形象逼真生动，表现出很高的绘画艺术水平。这些图案是我们的祖先对劳动的歌颂，也反映了他们丰收后的喜悦心情。

从陶器表面的网状图案看，当时纺织业已达到相当高的水平。半坡人把苎麻等植物纤维用纺锤搓捻成线，然后编织成布，用来缝制衣服。

还有一种原始状态的塑造艺术，就是在陶器表面上烧制一些附加的凸饰。这些凸起的小包，有的像环带一样缠绕在器物周围，有的是一个个地散落各处，有的则是把器物的把钮塑造成鸟兽的形状。

这些以劳动对象和大自然为题材的艺术品，生动地说明了文化艺术起源于劳动和生活实践的这一真理。

特别值得一提的是，在一些陶器上发现了二十余种刻画符号。这些符号如"×""＋""｜""∨"等，大都刻在圆底钵的口沿外侧。它们重复而又规律地出现在特定器物的固定部位上，说明很可能是一种半坡人用以记事的符号，应该是中国文字的萌芽。

由于这一时期的文化遗物中富有这些彩色陶器，因而人们往往称之为"彩陶文化"。又因为这种文化遗物首先是在河南

小口尖底瓶（现藏于陕西历史博物馆）

省渑池县仰韶村发现的，所以人们也称之为"仰韶文化"。

半坡人已经有了很高的审美观，供人们佩带的多种多样的装饰品，生动地表现了他们对生活的热爱和对美的追求。当时，最受欢迎的装饰品是陶环、玉环、玉璜、骨珠、骨笄和用蚌壳穿孔制成的佩戴物，用兽牙磨薄穿孔制成的饰物，以及精巧的小石珠、玉耳环等。在一个小女孩腰部发现的用许多骨珠串成的珠带，就是一件精致的艺术品。

半坡遗址区的房屋布局与我国后世的村落布局大体相似。其总面积有五万平方米左右，分为居住区、墓葬区和烧制陶器的区域三个部分。居住区周围有一条宽七八米、深五六米的防护沟，用来防御野兽的侵害。已经发掘出来的半坡人住过的房屋遗址，紧密地排列在一块。在整个居住区的中心，有一座较一般住房大五六倍、面积约一百五十平方米的房子，大概是氏族成员聚会的地方。所有的房屋中间都设有一个烧火坑，这是做饭和取暖的地方。从外形上看，房子有方形和圆形两种。从结构上看，又有半地下式和地面上建筑的不同。

方形房子，大多是半地下式。修造时先挖一个一米左右的深坑，将坑壁作为墙壁。从四壁顶上的边缘，向屋中心的几根立柱上铺架木椽形成屋顶，上面再涂抹一层草泥。这种房屋便于建造，冬暖夏凉，

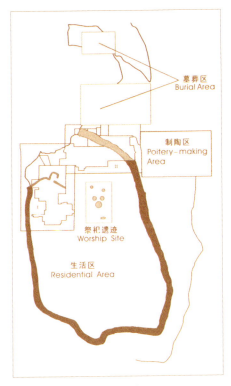

半坡遗址平面布局图

方形半地穴式房子复原示意图

坚固耐用。但是屋内黑暗潮湿，而且出入不便。圆形房屋大多建筑在地面上，墙壁高一米多，墙上排满了细木柱子。屋顶同样是用木椽架成，然后涂抹一层草泥。半坡遗址大厅里边部分复原后的房屋清楚地表明，方形的很像是现代农村的单间平房，而圆形的则类似削去了尖顶的蒙古包。

历史事实告诉我们："人们为了能够'创造历史'，必须能够生活。但是为了生活，首先就需要衣、食、住以及其他东西。因此第一个历史活动就是生产满足这些需要的资料，即生产物质生活本身。"[①] 住房和衣、食一样，从来就在人类的生活中占有极其重要的地位。住房的出现和衣服的发明一样，是人类的一个大进步。从此之后，我们的祖先不仅可以更加有效地抵御野兽和风霜雨雪的侵害，而且可以随意选择适宜于农耕和渔猎的地区定居下来，不必一定要住在山原或断崖下的土洞中了；在房子里，又能从事很多适宜于室内操作的手工劳动，极大地扩大了人们的活动范围。

半坡居住区房屋附近有很多像袋子一样的储藏物品的地窖，在一个地窖中还残留下来许多半坡人吃剩的谷子。已发现

----

[①] 马克思、恩格斯：《德意志意识形态》，《马克思恩格斯全集》第三卷，人民出版社 1960 年版，第 31 页。

的二百多个地窖，全部散列在住房的外边。这一方面，是他们从事农业劳动的最好证据；另一方面也说明，他们的劳动收获是由公社成员集体储藏、平均分配的。这些地窖，就是他们的公共仓库。

半坡人生活的时代虽然已经是母系氏族社会的盛期，但生产力还是非常低下的。他们收获的粮食，采集的野菜、野果，打来的野兽，吃用之后剩下的就不多了，碰到天时不好还得挨饿受冻。因而，当时人们只能按原始共产主义的方式生活：共同劳动、共同消费，没有阶级、没有剥削。集体选举的女酋长，是生产和日常事务的组织者和领导者。这些酋长都是勤劳、勇敢，有谋略、有能力，普遍得到社员爱戴的人。

在母系氏族公社中，妇女享有较高的社会地位，主要因为她们是从事农业生产和采集野生植物的主力军，掌握着社会经济事务大权。当时，同一氏族的男女不通婚，子女都跟随母亲，因而妇女是当时以血缘关系形成的氏族的核心。夫妻死后分别埋葬在各自母亲所在氏族的墓地里，所以没有男女合葬的情况。半坡的墓葬实况，正是这种以妇女为中心的社会制度的反映。

半坡人之后大约又过了一两千年，西安附近的母系氏族公社才逐渐发展到父系氏族公社，跨入了一个新的历史阶段。由于这一阶段最有代表性的文化遗物是一种光亮而且很薄的黑色陶器，因而人们往往称之为"黑陶文化"。又因为最早发现这种文化遗物的地方在当时山东省济南市历城县的龙山镇（今属济南市章丘区），所以，人们也称之为"龙山文化"。龙山文化时期，木耒、镰刀和锋利的石斧等新工具和新技术的采用，将农业生产向前推进了一大步。当时的畜牧业已有了显著的发展。在半坡时代，家畜还只有猪、狗两种；而这时，马、牛、羊、鸡都已能普遍饲养。制陶也由一个个用手捏制逐步改为轮制，极大地提高了生产效率。

由于生产门类的增多、工具的改进和技术的进步，以及出于体力的考虑，就产生了新的社会分工的问题：必须由某些人固定从事某些工作，以熟习劳动技术和提高劳动效率。从西安附近沣河流域的洛水村、斗门镇、上泉村、客省庄村等地出土的龙山文化遗物中的随葬品，明显地反映出了死者生前分工的不同。男子的随葬品，大多是劳动工具和从事手工业用的工艺工具；而妇女的随葬品，则大多是纺轮、锥、针一类的物品。这说明，男子主要从事农业、畜牧业和手工制造业，而妇女则着重从事编织、缝纫一类的活动。由于男子从事主要的生产活动，掌握了经济大权，因而他们在家庭和社会中逐步取得了统治地位，形成了以男子为中心的父系氏族公社。

这一时期的住房出现了两间相连的"吕"字形的套间。出土的石斧、石锛，穿孔的长方形石刀，骨制和石制的箭头等生产工具，大都比仰韶文化的工具进步。工具中还有大量的蚌制工具，是一个突出的特点。

生产力虽然有了一定的进步，但只是与仰韶文化时期相比而言。由于不能提供较多的剩余产品，所以，人们仍然生活在平均分配的原始社会中。如果从蓝田猿人的旧石器时代算起，我们的祖先在这种原始社会中一直生活了百万年之久。他们通过世世代代的辛勤劳动，一步一步地揭开了我国古代文明历史的序幕，为商、周以后生产力的大发展创造了条件，为古代西安地区的繁荣和大城市的出现创造了条件。

# 第二章

## 雏形初现

+ 丰京、镐京是古代关中地区第一次出现的全国性的大城市。古代西安作为国家首都的一千多年的辉煌历史，就是从这时升始的。

# 周原和丰镐

周，原来是商王朝的一个侯国。周人最初活动在今陕西省西部的武功、郴州一带。到古公亶父时，他们搬到了岐山、扶风之间的周原上，修筑了王城，设置了官吏，并且把周公、召公等贵族分封到附近的城邑中。在我国最早的诗歌总集《诗经》中有一篇《绵》，详细地叙述了周人搬到岐山后，都安下心来，划定了疆界，疏导了沟渠，修整了田垄，修筑房屋、庙宇和城郭，又建成了高大的城门、严整的宫门和供众人祭祀的神坛的情况。由于这是当时周原一带规模最大、人口最多的一座城池，所以称为"京师"。后代沿用这个名称，把国都称为"京师"或"京城"。

1976 年以来，考古工作者先后在周原上的岐山县凤雏村（今岐山县贺家村）和扶风县召陈村，发现了西周早期的廊院式宫殿建筑遗址一处，以及西周早、中期的宫殿建筑群一处。同时，出土了大量珍贵的甲骨和青铜器。

从凤雏村遗址的一个窖穴中出土占卜用甲骨一万七千余片，陆续选出有字甲骨二百余片，约七八百个字。这是自从河南安阳市殷墟出土商代甲骨文以来最重要的发现。

古人迷信"神意"，事事都要占卜。当时，最常用的占卜办法，就是将兽骨或龟甲刮削平整，钻上孔眼，再用火在钻孔上烧灼，然后根据裂纹判断，做某件事情是吉利还是有凶险。占卜的结果都用简要的文字刻记在甲骨上，我们现在就称其为甲骨文。据初步研究，周原上出土的这些甲骨文的内容，有卜祭祀、卜田猎、卜征伐、卜年成的，以及其他的杂卜，等等。文字最多的一片达二十九个字。甲骨的发现，毋庸置疑地证明，这里是周人早期的都城所在地。

周人在周原一带经过长时期的苦心经营，势力不断壮大。特别是周文王为消灭商朝在这里做了大量准备工作，史书记载，他勤劳俭朴，注意发展生产，还特别善于任用贤能。关于他重用姜太公，终于为统一全国打下了稳固基础的故事，一直到今天还在民间传为美谈。

相传，文王要找一个能为他出谋划策、帮他消灭商朝的人，便借打猎的机会，四处访求贤才。一次，当他走到渭水之滨的磻溪（今陕西省宝鸡市东南）时，看到一位满头白发的老人坐在石头上钓鱼。文王与老人攀谈，听了老人的治国之论，文王大为钦佩。文王连忙说："我的太公，盼望您很久了！"随即，他请老人一同坐车回王宫，拜为国师。此后，人们便称他为"太公望"。

太公望姓姜，名尚，字子牙。他的祖先在舜时因治理洪水有功，曾被封于吕，所以又称"吕尚"。吕尚初生时，家已很穷，因而他年轻时只得在商的都城朝歌（今河南省淇县东北）以宰牛卖肉为生，又曾在孟津（今河南省孟州市南）开过饭铺。后来，他来到渭水边居住，经常到磻溪去钓鱼，但很不顺心，一次竟连续三天没有鱼上钩，气得他脱了外衣，甩了帽子。亏得一位农民相告：鱼钩上的线要细，鱼食要香，轻轻地投下去。吕尚一试，果然有效。又传说，吕尚本意在于等待周文王赏识重用他，根本无心钓鱼，用的是直钩，所以钓不上鱼来。总之，直到遇见文王，他才有了施展抱负的机会，境遇才彻底改变。

宋人苏轼曾在诗中概括这个早期怀才不遇的老人说："闻道磻溪石，犹存渭水头。苍崖虽有迹，大钓本无钩。"由于吕尚的全力协助，周文王的事业迅速发展，攻灭了附近的许多小国。当消灭了活动在沣河一带的商王朝的重要盟友——崇国之后，周文王就把都城搬到那里，在沣河西岸修建了丰京。

文王在位约五十年，使周"三分天下有其二"。但还没有来得及消灭商朝，他就病死了。后来他的儿子周武王亲自率兵讨伐殷纣王，在公元前 1046 年，经过有名的牧野（今河南省淇县西南）之战，消灭了商朝，建立了周王朝，并在距离丰京约二十里的沣河东岸修建了镐京。《诗经·大雅·文王有声》中，如实地记录了这一历史过程："文王受命，有此武功。既伐于崇，作邑于丰。文王烝哉！……考卜维王，宅是镐京。维龟正之，武王成之。武王烝哉！"丰京、镐京是古代关中地区第一次出现的全国性的大城市。古代西安作为国家首都的一千多年的辉煌历史，就是从这时开始的。

由于几千年来的地理变化，丰京、镐京城基址已无迹可寻。关于丰京，据宋代程大昌《雍录》载，其位置在今陕西西安鄠邑区，里边有灵沼和灵台、灵囿

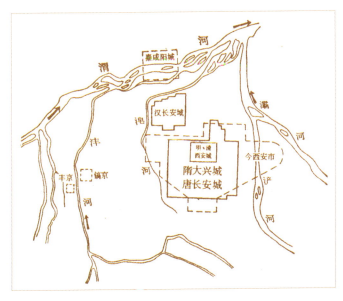

西安古代城址变迁示意图

等。今天在鄠邑区秦渡镇北二里许的平等寺旧址中，有一个大土台，相传就是周代丰京里的灵台建筑遗迹。在秦渡镇之北，属长安区管辖的有一个名叫"灵沼"的镇，可能就是周丰京所属那个大水池的所在地。新中国成立后，在沣河西岸南起秦渡、北到客省庄十多里的范围里，发现了很多灰红色的绳纹陶片。其中，以鬲、罐、盆之类最多，这些都是周代的遗物。更为重要的是，1957年，考古工作者在长安县沣西一带发现了周代的三座完整的车马坑。其中，两车各套二马，一车套四马；马头上有贝和铜制的装饰品，非常华丽。1972年，在这里又发现了四座车马坑。宋敏求《长安志》等历史文献记载，周文王、武王埋葬在长安西部。是否就在这些车马坑附近，目前还难以断定。但这里是西周重要的墓葬区，是毋庸置疑的。古代墓葬区都距离城市很近，由此推断，丰京应该就在这一带。

关于镐京，历史记载，汉武帝修昆明池时破坏了这座古城。昆明池的位置在今长安区斗门镇附近。今斗门镇东北有丰镐村，村附近旧有镐京观。在丰镐村西南的普渡村，曾经多次发现有青铜器的周代墓葬。1954年，普渡村农民挖红薯窖时，发现一座周穆王时代的墓葬，出土了青铜器，以及用骨、玉、蚌、陶等制成的许多器物和装饰品。因而判断，镐京故址应该就在斗门镇附近。

丰京在沣河之西，镐京在沣河之东，相距仅约二十里。关于这两座城市的关系，从出土青铜器上的铭文，周王在丰京为"出馆"、为"客"看，可知周首都以镐京为主。史书上说，武王在镐京，"诸侯宗之"，所以又把镐京叫作"宗周"，说明镐京在政治上是西周的首都。而每逢有大事，周王都步行到丰京去祭告祖先，又可知丰京是周王朝的祖庙所在地，亦占有重要地位。

西周是我国奴隶社会的鼎盛时期。从灭商以后，周王朝首先从丰京和镐京向全国各地分封了许多诸侯，并规定诸侯定期向王朝朝觐纳贡和报告情况。周天子就是通过这些诸侯，实行其奴隶制的统治。在西周近三百年的历史中，丰京、镐京共同发挥着国家首都的作用。

丰京和镐京也是当时全国的文化中心，在这里产生了中国现存最早的一些著作。如收集在《尚书》中的《大诰》《微子之命》《归禾》《嘉禾》《康诰》《酒诰》《梓材》《多士》《无逸》《多方》《周官》《顾命》等。其中大多是周王的文告。这些文告，或者宣传周王朝的法令，或者解释对奴隶压迫、剥削的政策，或者是对背叛者的申斥，或者是向后代传授统治经验。总之，主要都是奴隶主阶级的说教。但这些文告反映了奴隶社会的阶级对立状况和当时作为上层建筑的意识形态的特点，为今天研究古代历史提供了非常珍贵的资料。

农业是国家各项事业发展的基础，而周人一贯重视农业生产，很早就积累了丰富的农耕经验。《史记·周本纪》叙述周人历史，是从后稷开始的，并且讲了一个有趣的故事。后稷名弃，他母亲叫姜嫄。传说姜嫄到郊外去踩上了一个巨人的大脚印，因而怀孕。她认为，这是"不吉祥"的事，便把出生的孩子抛弃在街巷中，但牛马过往都避而不踏；又把孩子抛在河渠的冰上，但飞鸟又纷纷落下，用翅膀遮盖住孩子，不让他冻死。姜嫄以为这孩子有"神"保护，便收养起来。因为她曾经几次抛弃他，便给他取名叫弃。弃在儿童时期就喜好农耕，他种的庄稼长得特别旺盛，各地都有人前来向他求教。尧知道后，举他为农师，舜又把他封到邰（今陕西省武功县），号为后稷（现在武功县仍保存有"后稷教稼台"遗址）。这个故事虽然带有浓厚的迷信色彩，但却反映出关中地区在很早以前就有了高度发展的农业。根据《诗经》的记载，当时这里种植的农作物，已经有了大豆、谷子、麻、麦、瓜、黍等许多品种。

丰、镐时期周王朝专门设置了司徒、田畯等管理农业生产的官职，并且进一步改进了农耕技术，使渭河流域逐步成为当时全国最发达的农业区。就农业工具说，当时大量使用的耒耜是后世犁的雏形。耒耜最初是木制的，后来才逐渐改用金属制成。用耒耜耕种的方法叫耦耕。关于耦耕有很多解释，我们推测，可能就是一人在前边拉，一人在后边推的办法。《诗经》里描绘当时农田中的情景说：很多人在大片的土地上耦耕，用锋利的耒耜耕作、播种，结果得到了大丰收。谷子堆像梳篦一般密密麻麻地排着，一个个都有城墙那么高。①这表明了当时农业兴旺发达的情况。

丰京、镐京城中居住的人，除奴隶主贵族外，主要就是为他们服务的各种奴隶性质的工匠，如木工、皮工、面工、制骨工、制玉器工、制金属用品的攻金之工，以及制造砖瓦、陶器的工匠等。②越来越细的社会分工，为人类文化多方面的深入发展提供了可能。周王朝对有技术的工匠，给予一定的优待，周公不杀犯了酒禁的百工，就是一个例子。这一切，都促使西周的手工业有了比较快的发展。其中，最为突出的，是青铜器

---

① 《诗经·周颂·噫嘻》："率时农夫，播厥百谷。骏发尔私，终三十里。亦服尔耕，十千维耦。"《诗经·周颂·良耜》："畟畟良耜，俶载南亩。播厥百谷，实函斯活。……获之挃挃，积之栗栗。其崇如墉，其比如栉。"

② 见《周礼·考工记》。

制造业的发展。

西周青铜器大多出土在关中盆地的岐山、扶风、宝鸡、蓝田、西安、武功等市、县，显然由于这一带是周人的老家和都城的所在地。后来有些人虽然被分封到全国各地，但死后仍然要归葬故土，他们生前所用的铜器，也随葬入墓。此外，在今天的山东、河南、内蒙古、河北、山西、安徽、江苏、浙江、湖北、辽宁，以至广东等省区，都有周代青铜器的发现，器形与花纹和关中地区见到的相似。这说明以丰京、镐京为中心的青铜文化，远播到了全国各地。那时，我国就已是一个统一的大国了。

西周明显地继承了殷代青铜器的制作方法，但在造型设计和花纹装饰上，都有了新的发展和创造。这时的器物一般凝重典雅，朴素大方。纹饰主要以平行沟纹、双头兽纹，代替了商代常见的蝉、象、蚕纹。过去遍布器体的繁复的饕餮纹，被简化成器物足部的附属装饰。西周晚期青铜器上的动物形象更加简化抽象，趋向于写意性的规律的图案。从同类型的器物看，这时有了成组成套的产品，反映了产品的定型和产量的提高。

西周青铜器最突出的特点，是常常有大段的铭刻文字。殷代铜器上的铭文，常见的只有五六个字，最多的才不过五十个字。但像西周康王时期的大盂鼎有二百九十一个字，而小盂鼎更多达四百字左右。这些铭文保存了有关古代社会制度、政策法令、刑罚赏赐、商业贸易，以及战争、祭祀等方面的珍贵史料，也为我们留下了古老的书法艺术。

1976 年 12 月，扶风县庄白村出土西周微氏家藏铜器一百零八件，这是新中国成立后一次性窖藏出土青铜器最多的一次。其中的墙盘等七十四件有铭文的器皿，更为我们提供了许多有

西周大盂鼎

关西周社会历史的新材料。

商、周奴隶工匠制作了很多精美的青铜器，这些生活用品，同时又是珍贵的艺术品。人们不能不为我们的祖先在数千年前就有那么高的冶炼技术和工艺水平而感到自豪，因而后世又往往把商、周时代称为"青铜时代"。

灿烂的青铜文化，无疑是奴隶们的血汗凝成的。而在奴隶社会中，他们却处于最不幸的地位。《诗经·豳风·七月》篇中，详细记载了奴隶们的痛苦生活：他们从早到晚，从春到冬，一刻不停地辛苦劳动，可是生产了那么多的粮食，自己却只能用野菜充饥。他们织成的好布，打猎得来的狐皮，都必须献给奴隶主做衣服。一年到头，没有衣服穿，住着破房子，怎么熬过这寒冷的冬天！

奴隶主把奴隶仅仅看作"会说话的工具"，可以任意驱使，任意买卖。西周孝王时期的曶鼎铭文中说，一匹马加一束丝就可以换五个奴隶。1963年，在周原出土的一件铜盘，由耳、身、足三部分组成，盘的四条腿就是四名男性奴隶的形象；盘体很大而人体很小，四名奴隶全部裸体俯跪于下，用双手吃力地捧着盘子。这一造型，正好真实地反映了奴隶们所承受的沉重负担和他们所处的屈辱地位。1976年出土的刖人守门鼎，也表现了奴隶主对奴隶的残酷统治。更为残忍的是，奴隶主强迫大批活奴隶在他们死后殉葬。在长安沣河西岸的周代遗址中，曾发现九座有殉葬奴隶的坟墓。其中殉葬一人的七座，殉葬两人和四人的各一座。在四个埋有车马的墓坑中，都有一个驾车的奴隶与车马一同殉葬。其中有一个奴隶被活活塞进墓坑壁上的浅洞里，因为洞小人长，他的头歪扭着，脚也跷了起来。这充分反映了奴隶社会血淋淋的阶级压迫情况。

自然，与原始氏族社会相比，奴隶制度在社会发展中，还是一个很大的进步。正如斯大林所说，"奴隶占有制度，从现代的条件看来，是不可思议的现象，是反常的荒谬事情。然而在原始公社制度瓦解的条件下，奴隶占有制度却是完全可以理解的，合乎规律的现象，因为它同原始公社制度相比是前进了一步"[1]，甚至对奴隶本身也有一定的好处。因为成为大批奴隶来源的战俘以前都被杀掉，而在奴隶制社会中，在一般情况下，他们至少能保全生命了。奴隶制度打破了极端狭隘的氏族范围，组成了统一的国家，扩大了生产规模。而且，"只有奴隶制才使农业和工业之间的更大规模的分工成为可能"[2]，从而为农业、手工业和科学技术的发展创造了条件。正是在这种条件下，奴隶们创造了灿烂的青铜文化，并且为封建社会的出现创造了条件。

---

[1] 斯大林：《论辩证唯物主义和历史唯物主义》，《列宁主义问题》，人民出版社1973年版，第634页。

[2] 恩格斯：《反杜林论》，《马克思恩格斯选集》第三卷，人民出版社1972年版，第220页。

　　丰京、镐京除了与全国各地保持着密切联系外，与遥远的西方各地也有交通往来。通过流传至今的《穆天子传》，我们就可以看到一些这方面的情况。相传，周穆王在登上王位的第十三年，坐着由造父驾驭八匹千里马拉着的大车，带上大批丝绸和手工艺品，从镐京出发，去周游天下。他们走的路线按今天的地名说，有宁夏、甘肃、青海、新疆等省区，跨过昆仑山，越过葱岭，一直到达了中亚细亚。穆王一行在路上遇到了许多兄弟民族，到处受到热烈欢迎，收到了许多礼物。他们这次长途旅行中，最值得怀念的，要算与西王母的会见了。周穆王见到西王母后，送给她很多丝绸和玉器。西王母特意在风景如画的瑶池摆设了盛大的宴会，为穆王洗尘。宴会上，他们即席赋诗，互相祝贺。宴会后，西王母陪着穆王在各处游览。当他们登上太阳落进去的山时，穆王乘兴亲笔写了"西王母之山"五个大字，命令石工刻在一块巨大的石壁上，又在石旁栽了一棵槐树，作为友谊的纪念。临分别时，双方都依依不舍，西王母回赠给穆王很多珍贵的礼品，并且作诗相送：

　　　　白云在天，山陵自出。

　　　　道里悠远，山川间之。

　　　　将子无死，尚复能来。

　　穆王也作歌答谢，约定三年后再来。

　　周穆王的故事带有很多神话色彩，但他曾长期西游，大体是事实。《史记·秦本纪》中也说，周穆王西游乐而忘返，当徐偃王作乱的消息传来时，秦人造父才赶着千里马驾的大车把穆王送回镐京，平息了叛乱。可见丰京、镐京的确与西方各地有着一定的联系，这应该是以后汉唐时期，长安与西方诸国密切交往的先河。

西周最后一个帝王周幽王，是一个专横暴虐、骄奢淫逸的君主。传说他得到了美人褒姒后，更加恣意游乐，荒废朝政。他经常带着褒姒到骊山去。今天，西安临潼区东部一条叫戏水的小河，就是因为幽王与褒姒曾在那里戏游而得名的。历史上褒姒这个人的经历也被写得非常古怪。相传，周宣王时镐京城里有童谣说："檿弧箕服，实亡周国。"意思是说，山桑木弓，箕草箭袋，是灭亡周国的祸根。宣王命令把所有卖这种东西的商贩都抓起来杀掉，当时正在镐京街上叫卖桑弓箕袋的夫妇二人连夜逃走，他们在路上拾到一个被抛弃的女婴。这个女婴长大后，又被辗转送到宫中，结果成为周幽王宠幸的褒姒。

褒姒美倒是很美，却总也不笑。无论是对悦耳的音乐还是对优美的舞蹈，她都无动于衷。幽王无可奈何之际，听说褒姒爱好撕裂绸子的声音，便命令库房每天送来好多丝绸，让有力气的宫女给撕碎。但褒姒虽然爱听，却依然不笑。周幽王费尽心机，毫无效果，最后采纳了虢石父的坏主意，在骊山的烽火台①点燃烽火戏弄诸侯，以便取得褒姒的欢心。

传说大约在公元前771年，周幽王在骊山燃起烽燧后，又命人擂起催战的大鼓，各路诸侯以为有敌人入侵，纷纷率军赶来。他们来到山下，才知道是幽王以国事为儿戏。褒姒见诸侯们一个个跑得满头大汗，又匆匆离去，果然大笑。这样，烽火就完全失去了它报警的作用。后来，幽王在真正遇到敌人攻击时，无人救援，被杀死在骊山之下。丰京、镐京城也被抢劫一空。

_____

① 烽火台又名烽燧，是古代一种特殊的警报系统。当时隔一段距离设置一座烽火台，从首都通往边远地区。有敌情时，台上白天点燃柴草举烟；晚上点火，利用烟柱或火光传递战争消息。

今骊山烽火台（谢伟供图）

　　将褒姒的身世加上许多离奇的传说，无疑是封建社会"女人祸水"谬误观点的反映。这当然无助于减轻幽王的罪责。今天骊山顶上的一小片平地，相传就是周幽王为博取褒姒一笑而戏举烽烟的烽火台旧址。

　　周幽王之后，新上台的周平王把都城迁到了洛邑（今河南省洛阳市），开始了东周的历史。又过了五百多年，秦人才再次在今西安市附近建立了新的全国性的都城——咸阳。

# 秦都咸阳

　　秦国出现的春秋（前 770—前 476 年）、战国（前 475—前 221 年）之际，是我国古代由奴隶社会向封建社会急剧转变的大动荡、大分化时期。

　　奴隶社会已经完成了它的历史任务，地主和农民这一对新的矛盾着的阶级逐步登上了历史舞台。之所以出现这一巨大的变化，首先是由于奴隶在劳动中积累了丰富的经验，发明了铁制工具，大大便利了土地深翻和开荒。过去专供宗庙祭祀屠杀的牛，现在也开始用于农耕①，因此成倍地提高了耕作效率。孔子弟子冉耕字伯牛，司马耕字子牛，晋国有人名牛子耕，都是对这一新奇事物的纪念。另外，手工业如冶金、纺织、木工、制陶等，也都有了显著的新发展。生产力的发展，提供了奴隶主强迫奴隶在耕作国家规定的田亩之外，多开一些荒地的可能性；有的奴隶，也设法为自己开辟土地。这就出现了最早的私有土地，出现了地主阶级和少量争得了自由的农民。这种情况不断扩大，奴隶制的生产关系已经成为生产发展的严重障碍，因而当时各诸侯国不得不相继承认了既成的事实，如公元前594 年，鲁国实行"初税亩"②；公元前 408 年，秦国实行"初租禾"③，都是开始向私有土地征收赋税的意思。土地私有和

---

① 《国语·晋语》："宗庙之牺，为畎亩之勤。"

② 《左传·鲁宣公十五年》。

③ 《史记·六国年表》。

地主剥削农民在各地都成为合法的形式，中国从此逐步进入了封建社会。

促成这种转变的，则是当时风起云涌的奴隶起义。春秋末叶，各国王公贵族挥霍无度，日趋腐朽，"暴夺民衣食之财"[1]，对奴隶的压榨达到顶点。荀子说过：王公们贪得无厌，老百姓挨冻受饿难以生活下去，因而出现了造反的奴隶。这种官逼民反的情况各国都有，而最引人注目的，是《庄子》《孟子》《荀子》《吕氏春秋》《韩非子》等先秦著作中记载的以"盗跖"为首的奴隶武装起义。相传，跖的部队曾发展到近万人。他们"横行天下，侵暴诸侯"，所到之处，使"大国守城，小国入保"[2]，取得了很大的胜利，造成了很大的影响，以至跖的"名声若日月，与尧舜俱传而不息"[3]。李奇注《汉书·贾谊传》："跖，秦大盗也。"大概这支起义军队，最初就是从关中一带发展起来的。跖应该是战国初期活动在黄河流域的一位杰出的奴隶起义领袖。"暴力是每一个孕育着新社会的旧社会的助产婆。"[4]正是以跖为代表的轰轰烈烈的奴隶起义，促成了新的封建社会的出现。

秦是当时发展变化较快的诸侯国之一，秦人的祖先大约是以畜牧业为主的，最早活动在今天甘肃省陇西的清水县一带。他们从公元前776年开始，逐渐向东迁移。

秦献公二年（公元前383年），秦人搬到栎阳（今陕西省

---

[1] 《墨子·辞过》。

[2] 《庄子·盗跖》。

[3] 《荀子·不苟》。

[4] 马克思：《资本论》第一卷，《马克思恩格斯选集》第二卷，人民出版社1972年版，第256页。

阎良区武屯镇）。这里作为秦的都城，直到秦孝公十二年（公元前350年），前后共三十四年。秦孝公发愤图强，网罗人才；特别是公元前361年，任用卫国人商鞅实行变法，坚决推行封建制度，使秦迅速强盛起来。当时，虽然各诸侯国都在革新政治，但只有秦国贯彻新法比较坚决、彻底，因而终于战胜六国，完成了统一全国的历史任务。

商鞅姓公孙，名鞅，因功被秦封于商（今陕西省商洛市商州区东南），所以又叫商鞅，是战国时期一位著名的政治家。他顺应历史潮流的发展，主张变古法立新制，彻底破除旧奴隶主贵族的特权。当时变法的主要内容，就是废除奴隶制的土地制度——井田制，承认土地私有；奖励农耕，奖励军功，没有军功的贵族一律削去爵位。据历史记载，秦国实行新法之后，不仅粮食富足，而且"民勇于公战，怯于私斗"[①]。

公元前350年，秦孝公可能是根据商鞅的建议，把都城又从栎阳迁到了咸阳（位于今咸阳市东二十余里的窑店一带）。由于这座城市建筑在九嵕山之南，渭水之北；山南、水北都叫阳面，所以名为"咸阳"。咸阳距离西周都城丰京、镐京故址不远，土地开发比较早；濒临渭河，交通便利，靠近南山，资源丰富。较之栎阳，咸阳在各方面都有许多优越的地方，有利于秦人实现他们饮马黄河、雄视中原的壮志，因而自从搬到咸阳后，一百四十多年中，秦的都城就再也没有迁徙过。

从历史文献中，看不到关于这座历史名城的详细记载，我们从一些分散、片段化的史料中，仅仅得知城中有冀阙、宫廷，以及南门、北门、西门、市门等。

---

① 《史记·商君列传》。

秦咸阳宫复原模型

　　史书上对咸阳城初建时期的情况，记载得这么粗疏简略，应该不是史官的疏忽，而是表明了秦都城草创阶段的简朴。这种风气在其他方面也有所反映。比如，秦王朝明确要求工匠们要按规定制造器物，不准别出心裁，搞一些华而不实的样式。各种器物上都必须刻上工匠的姓名，以便于考核。"物勒工名"的办法，就是从秦代开始的。西安一带出土的各种秦代铜器、兵器、权量、诏版、陶器、砖、瓦、水道等，大都坚固耐用，朴素大方。这主要由于处于上升时期的秦封建统治阶级，为扩大势力范围而积极蓄积着力量，因而表现出了生气勃勃的实干精神。大概在秦建都咸阳八十多年后，荀子到咸阳游历，极力称赞说：这里形势险要，出产丰富，百姓淳朴，官吏严肃、恭俭，大臣不结党营私，不耽误公事。因而秦国四代取得胜利不是偶然的现象，而是形势发展的必然结果①。

　　荀子是秦昭襄王时到咸阳的，他说的四代是指秦孝公、秦惠文王、秦武王和秦昭襄王。由于秦国节节胜利，当时虽然还

————————————

① 见《荀子·强国》。

处在诸侯纷争的分裂局面中,但咸阳已经成了全国瞩目的中心,因而各种流派的代表人物都曾到这里宣传活动。秦庄襄王时的相国吕不韦的三千门客中,就包括了儒、墨、道、法、名、农、阴阳等各家人物。吕不韦让他们"人人著所闻",编成了一部《吕氏春秋》,这是我国最早编成的一部分章叙述不同问题的完整的书,也是咸阳已成为当时全国思想文化中心的一个标志。

统一国家,是当时全国人民的共同愿望。只有统一起来,才能结束诸侯分裂和连年战乱给人民带来的巨大灾难;只有统一,才能增进各地区间的交通往来,有利于生产的发展。当时的秦国,由于多年认真执行一系列奖励耕战的政策,在政治、军事、经济各方面都走在前头,因而到秦始皇时期,终于完成了统一国家的大业。

从公元前230年秦始皇派兵攻灭韩国开始,捷报就不断向咸阳传来。在强大的秦军面前,东方各诸侯国为了自身的生存,也曾付出巨大的努力,出现过许多威武雄壮的历史场面。如"荆轲刺秦王",就是其中为人们所传颂的故事之一。

秦咸阳宫遗址

　　公元前 228 年秦军灭赵之后，进逼燕国边境。燕太子丹见大祸即将临头，便派善于击剑的壮士荆轲前往咸阳，用武力要挟秦王（就是后来的秦始皇）归还秦军占领的东方各国的土地；若秦王不答应，就当场杀死他。

　　当时，秦国以千金和万户邑悬赏捉拿的逃将樊於期正在燕国避难，荆轲想带着樊於期的头和燕国最富庶的督亢（今河北涿州、高碑店、固安一带）地图作为礼物去咸阳，以诱使秦王接见他。樊於期也觉得正可借此机会报个人之仇，立即为献头而自杀。荆轲在地图中卷了一把用毒药反复浸泡过的匕首，又带着一个名叫秦舞阳的勇士做副手。太子丹同知道这件事的人为了激励荆轲，都特意换上送丧时才穿戴的白衣、白帽，把他俩送到易水边上。分手前，荆轲的朋友高渐离击筑奏乐，荆轲慷慨高歌：“风萧萧兮易水寒，壮士一去兮不复还！”在场的人都极为激动，有的还被感动得落下泪来。荆轲上车出发后，再也没有回头。

　　秦王得知燕国派使臣送来厚礼，立即在咸阳宫召见荆轲一行。当他俩走到有全副武装的卫兵把守的大殿台阶下时，秦舞阳被吓得脸色发白、浑身颤抖。秦国大臣看到这种情况，都很奇怪。荆轲微笑着解释说：“秦舞阳是一个来自穷乡僻壤的粗人，没有见过大世面。今天他看到像秦王这样的神姿，因而战战兢兢，惶恐不安。希望大王能谅解这一点，让我们完成使者的任务。”

　　秦王慢慢地展开地图卷，欣赏燕国送给他的督亢地区的地形图。当展到最后时，“图穷而匕首见”。站在一旁讲解的荆轲，左手一把拉住秦王的袖子，右手抓起匕首向秦王刺去。秦王大惊，挣断了袖子，猛地一下跳起来，伸手拔剑。但剑很长，慌

出土于山东嘉祥武氏祠的汉代画像砖"荆轲刺秦王"拓片

乱中怎么也拔不出来，只得绕着殿上的大柱子躲避。殿上群臣乱作一团，紧急中，又来不及召殿下带兵器的武士进来。皇家医生夏无且抡起装药的袋子就向荆轲砸去。又有人大声提醒："大王把剑推到背上！"秦王这才从背部往上抽出剑来，砍杀了荆轲。事后，秦王立即发兵攻燕，第二年就攻下了燕都蓟城（位于今北京市南）。

这个故事反映了秦国的强大，也反映了当时各诸侯国和秦国封建统治者之间矛盾斗争的激烈。虽然荆轲刺秦王失败了，但他的献身精神却一直为后人所传颂。"此地别燕丹，壮士发冲冠。昔时人已没，今日水犹寒"[①]以及"亦知匕首无成事，只重荆轲一片心"[②]等诗句，就是对荆轲这种精神的赞扬。

荆轲刺秦王的咸阳宫，大概在今天咸阳市东北部的窑店北部的高地上。近年经考古工作者发掘，其遗址是一个高六米左右的大夯土台基。台基南、西、北三面都有回廊和散水遗迹。地面从夯土层往上依次铺着砂土、粗草泥、细草泥和表面的朱红色。

---

① ［唐］骆宾王：《于易水送人》。

② ［清］王邦畿：《过易水》。

公元前 221 年，秦始皇攻灭六国，建成我国历史上第一个统一的中央集权的封建王朝。咸阳成为全国的首都。

秦王朝把全国分成三十六郡，由中央委派守、尉、监等地方长官，管理各郡的事务。又"徙天下豪富于咸阳十二万户"[1]，以加强对六国贵族的控制。十二万户，每户按五口计算，迁来的就有六十万人，加上原有人口，咸阳的总人数至少增加到了七八十万人。

战争期间，秦军每攻破一个诸侯国，就按照这个国家首都宫殿的样式，在咸阳宫附近另建一座新的宫殿。可以想象，当时这里宫殿建筑物林立、形式多种多样的盛况。

首都与全国各地保持密切的交通往来，是保证朝廷命令能够迅速下达，便于统一管理、交流物资、调动军队和维护国家安全统一必不可少的条件。因而秦从统一全国后的第二年起，就开始以咸阳为中心，大修驰道。驰道，一条向东伸向燕、齐（今河北、山东一带）地区；一条向南通吴、楚（今江苏、浙江、湖南、湖北一带）地区。这种道路统一宽五十步，两旁每隔三丈种一棵松树。在今天的云南、贵州地区，也修了一条宽五尺的道路。公元前 212 年，秦始皇又特别命令蒙恬将军开山填谷，修了一条从咸阳西北的甘泉山向北，直达九原郡（今内蒙古自治区包头市附近）长城下，长一千八百多里的"直道"，以加强对匈奴军队的防御能力。这些道路曾长期用作我国主要的交通干线，在便利人民交通往来和促进各地经济、文化交流上，发挥过很大的作用。

战国时期的齐、楚、燕、韩、赵、魏、秦各国，为了防御，

[1] 《史记·秦始皇本纪》。

都曾有过各自的长城，分布在全国各地。例如，关中地区的韩城市、华阴市，至今仍有魏长城遗迹。全国统一后，这些城垣失去了存在的意义，而且成为交通往来的障碍，因此秦始皇命令拆除原来各诸侯国之间的城垣。但为了阻止匈奴军南下骚扰，秦又命蒙恬在燕、赵、秦北部长城的基础上修筑了统一的长城。这条西起临洮（今甘肃省岷县）、东到辽东，长5000余千米的长城，通称"万里长城"。它或用砖砌，或用土夯，或用石垒，好多地段蜿蜒在高大的山峦上。在当时的运输条件下，修成这样宏大的工程，的确是人间奇迹。万里长城，在古代维护多民族的祖国统一事业中，曾起了很大的作用。它作为中国人民勇往直前、坚韧不拔的精神象征，永远屹立于世界的东方。

秦的光辉成就，在国际上曾经产生了很大的影响，当时的咸阳似乎也与南亚各国有了交通往来。《佛祖历代通载》中说，秦始皇二十九年（前218年），"沙门室利房等十八人来自西域"。"室利房"是古代普通印度人名的中文音译，因而他们应该是两千多年前来到咸阳的印度客人。现在西方各国称中国为"China"，就是"秦"字的音译。这大约是秦代中国文化经由四川、云南传到南亚，又转而传到西亚、欧洲后的结果。

对于雄才大略，能顺应历史潮流、坚决实行封建制，在统一国家的事业中发挥了很大作用的秦始皇，唐人李白在《古风》第三首的前半段中称赞道：

> 秦王扫六合，虎视何雄哉！
> 挥剑决浮云，诸侯尽西来。
> 明断自天启，大略驾群才。
> 收兵铸金人，函谷正东开。

秦始皇陵墓址附近的现代雕像

秦始皇在消灭六国之后，为了防止各地重新叛乱，把缴获的兵器收集到咸阳，将其熔铸成各重几十万斤的十二个金属人像，立在咸阳宫门外。金属人像座后刻着"皇帝二十六年，初兼天下，改诸侯为郡县，一法律，同度量"等铭文。由于战国纷争的局面已经结束，国家已经统一，所以诗中说，再不用关闭位于关中东端的函谷关的大门了。

# 阿房宫与始皇陵

在消灭东方的六国之后，秦始皇"以为咸阳人多，先王之宫廷小"[1]，便在渭河南岸的皇家园林中修建了著名的阿房宫。《三辅黄图》记载，其前殿"东西五十步，南北五十丈，上可坐万人，下建五丈旗"；四周还修了许多离宫别馆，并修有通往临潼骊山的阁道。唐代的杜牧在《阿房宫赋》中描绘这些宫殿"覆压三百余里，隔离天日。骊山北构而西折，直走咸阳。二川溶溶，流入宫墙。五步一楼，十步一阁；廊腰缦回，檐牙高啄；各抱地势，钩心斗角"。虽然这带有夸张的成分，但阿房宫等建筑群的宏大和豪华，的确是很惊人的。

咸阳从渭河北岸发展到了南岸，秦始皇也飘飘然起来，觉得他实在像生活在天宫中一般，因而把渭河看作"天河"，在河上架设了沟通两岸"天宫"的"天桥"。《水经注》说，这座桥宽六丈，长三百八十步，有七百五十根柱子，桥南北还有一些石砌柱礅。可以看出，它已经不是一般临时性的浮桥，而是木石结构的固定桥梁。这是古代文献记载中渭河上最早的桥梁。

阿房宫城又名阿城。直到宋代，这座宫城东、西、北三面的城墙依然存在，但城中已成为农田。[2]

---

[1] 《史记·秦始皇本纪》。

[2] ［宋］宋敏求：《长安志》。

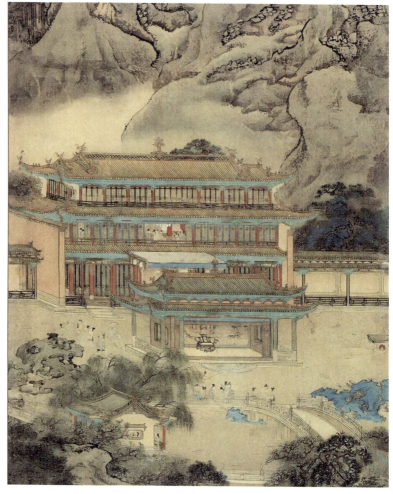

清代袁江《阿房宫图》局部（现藏于故宫博物院）

阿房宫则早在秦末与其他咸阳宫殿一道被项羽烧成了灰烬。正如明人胡侍《阿房宫》诗中说的：

云阁曲连三百里，野风吹作楚人灰。

当年沉醉在一片"万岁"声中的秦始皇，还曾幻想永远不离开这些豪华的宫殿，因而他轻易就听信了方士徐福（又写作"徐市"）所捏造的东海中有蓬莱、方丈、瀛洲三座仙山，以及上边有仙人居住的神话。秦始皇派徐福带领数千名童男童女，到海中的仙山上求取长生不老的仙药。他们经过几年，什么也没有找到，便欺骗秦始皇说："因为海上有大鱼，所以船不能前往蓬莱山。"于是秦始皇亲自带上连发弓弩，到海边上去射鱼。他在今天山东省烟台市福山区东北的海面上，还的确射死了一条大鱼，但徐福也从此入海，再也没有回来。李白抨击秦始皇的这些荒唐行为说："尚采不死药，茫然使心哀。连弩射海鱼，长鲸正崔嵬。额鼻像五岳，扬波喷云雷。鬐鬣蔽青天，何由睹蓬莱。徐市载秦女，楼船几时回？但见三泉下，金棺葬寒灰。"[1]清人朱璿更是嘲笑道：

> 徐市楼船竟不还，祖龙旋已葬骊山。
> 琼田倘致长生草，眼见诸侯尽入关。[2]

秦始皇假若真正得到长生草而继续活下去的话，那么，他也要看到后来打进函谷关的各路起义兵马了。

秦始皇本人也怀疑"长生不死"的"神仙世界"，是很靠不住的事。所以，他又转而特别重视对自己陵墓的营建。他从初即王位开始，就在今天西安市临潼区东十里处的骊山下修造宏大的坟堆和墓穴；到全国统一之后，又征发七十万人大加整修。墓坑挖到深深的泉水之下，里边装满了珍奇珠宝；墓室穹顶上画着天文星宿图，下边是百川、五岳和九州的地理形势；还有用机械操纵、流动不息的水银河湖，上面浮着金制野鸭；墓中点燃人鱼膏灯，说是可以永不熄灭；墓道门口又装置了几重防范偷盗的机弩。陵墓土堆高五十丈左右，沿陵根走一圈有

---

① ［唐］李白：《古风·其三》。

② ［清］朱璿：《祖龙引》。

五里多路，整座陵园周长三十余里。

建筑陵园所用的大量石块，都是从长安西北二百多里处的甘泉山运来的。当时的人们编了歌谣反映搬运石头的艰苦情况："运石甘泉口，渭水为不流。千人歌，万人吼，运石堆集如山阜。"修陵墓本身，就是封建统治者压榨人民的罪证。唐代王维在《过始皇墓》中无限感慨地说：

> 古墓成苍岭，幽宫象紫台。
> 星辰七曜隔，河汉九泉开。
> 有海人宁渡？无春雁不回。
> 更闻松韵切，疑是大夫哀。

诗歌的意思是：高大而且幽深的墓穴修筑得像人间的皇宫一般。月亮、太阳和金、木、水、火、土等星辰都被隔绝到墓中，天上的银河在九泉之下流动。陵墓中的大海岂能有人摆渡？地下永远没有春天，因而大雁也不会返回来。听到墓顶上松枝在风中发出凄切的声响，诗人疑心无知的松树都在为秦始皇的胡作非为而感到痛心了。古代文献记载：一次，秦始皇登泰山祭天时，忽然下起大雨来，他躲在一棵松树下避雨，因而把这棵树封为"五大夫"。后来，人们便以"五大夫"或"大夫"作为松树的代称。

秦始皇陵如今仍然有七十六米高，实在是一个不小的山包。陵上有许多苍翠的松、柏。由于四周地势开阔，人们可以居高临下地观赏优美的农村风光。春季，四周桃花、杏花映衬着碧绿的麦苗；夏季，一片火红的石榴花鲜艳夺目。

石榴自汉代的张骞等人从西域引入我国后，最先在长安周围培植成功。它的枝叶、花瓣、果实都能给人以充满生气的美

骊山北麓的秦始皇陵（太良平供图）

感，怪不得唐代的韩愈赞叹："五月榴花照眼明，枝间时见子初成。"① 李商隐也说："榴枝婀娜榴实繁，榴膜轻明榴子鲜。可羡瑶池碧桃树，碧桃红颊一千年。"② 它简直可与传说中神仙世界里的仙桃媲美了。临潼石榴有酸、甜两种，以皮薄、颗粒大、汁液多、味道纯正而著名。

到了秋天，始皇陵远近泛出红光的柿叶，再点缀上一个个红透了的柿子，"柿繁和叶红"，实在像是在薄暮中遥望灯笼的海洋。唐人刘禹锡说它"晓连星影出，晚带日光悬"③，没有人会面对这种景色而不动心的。临潼出产的柿子里以一种名叫"火晶"的柿子最好，它皮薄如纸，光亮嫣红，软而无核，甜却不腻，是久负盛名的鲜果。

秦始皇陵周围曾出土许多秦代的砖、瓦、五角形水道，

---

① [唐] 韩愈：《咏张十一旅舍三咏·榴花》。

② [唐] 李商隐：《石榴》。

③ [唐] 刘禹锡：《咏红柿子》。

秦始皇陵兵马俑

以及各种陶器、铜器等。1974 年春季，农民打井时在陵墓东三里左右的下和村与王硷村之间，发现了规模巨大的秦始皇陵陪葬兵马俑。经探测，最早发现的一号坑深约五米，东西长二百三十米，南北宽六十二米，四边都有斜坡门道。一号坑北边的左右两侧又各有一个兵马俑坑，三个坑都已塌陷，并有明显的焚烧痕迹。

一号坑已发掘出武士俑五百余尊，战车六乘，每乘驾车马四匹，共二十四匹。按现有密度推测，坑内应共有兵马俑六千件左右。

二号坑面积较小，外形很像是一把曲尺，这是一个骑兵、战车、步兵混合编队的曲形阵。

三号坑最小，形似"凹"字，内有卫士俑和战车一乘。专家们认为，这里似乎是军帅所在的指挥部。

坑内按当时军事战阵排列的陶人、陶马、战车和他们使用的铜剑、吴钩、弩机、铜戟、箭头等实战武器，反映了秦代手工业发展的高水平和秦国军队英姿勃勃、勇敢善战的神态。与活人一样高大的陶武士俑，基本上是单独造型，逐个捏制而成的。他们有的威风凛凛，有的注目沉思，有的满脸智慧。武士们的面形、神态各具特色，

秦始皇陵兵马俑

无一雷同。这些武士俑，除少数领队者披铠甲外，其余都不戴头盔，一个个短袍束带，扎绑腿，挟弓弩，挎箭囊，神采奕奕。一些陶俑服饰上的彩绘，还依然存在。与活马一样大小的陶马，或备鞍或无鞍，无不昂首挺立，双目圆睁，两耳直竖，形象逼真，虎虎有生气。这些战马身躯矫健，神态生动，活像就要扬鬃嘶鸣，跳出坑来了。《史记·张仪传》里记载："秦带甲百余万，车千乘，骑万匹。"并且说，秦军中有无数勇猛的战士，他们在战争中不戴头盔，不穿铠甲，手持刀剑，跳跃入敌，愤怒冲杀；秦军的战马也是"探前趹后"，飞奔向前，一跳就是两丈多远。"趹"字生动地表现了秦军马在奔驰中，后蹄踢地腾空而起的雄姿。这些精美的陶塑兵马俑，恰可印证秦军兵强

马壮、轻装上阵的一些情景。

秦俑坑的各种实战兵器，虽然已在地下埋了两千多年，但有些至今仍然非常锋利，简直和铸造的一般。那明光闪闪的宝剑，使人不由得想到李贺在《秦王饮酒》中所写的诗句："秦王骑虎游八极，剑光照空天自碧。"经初步检验，剑、镞等武器以铜、锡为主要成分，并含有微量稀有金属。兵器外层涂铬，这就是它长期不锈的原因。

春秋战国之际，各诸侯国先后进入封建社会，相继废除或减少了用活人殉葬的办法，而改用陶俑代替。一开始，为求得与活人相近似，陶俑制作得比较大。到后来，殉葬品逐渐变成象征性的、比实物小得多的所谓"明器"。始皇陵出土的这些硕大的武士俑，表现了秦始皇的武功和他在统一国家中所发挥的巨大作用；同时，也是古代废除人殉制度后的一段时间里，还力求殉葬陶俑与活人形体相近似的表现。

1961 年，国务院将秦始皇陵定为全国重点文物保护单位。1979 年"秦始皇兵马俑博物馆"建成，在兵马俑坑第一号坑址上建成一座规模宏大的拱形展厅，向中外广大游客开放。

# 古代关中的东大门：
# 函谷关和潼关

## 一

西安所在的渭河盆地之所以又称为"关中"，是因为古代在它四周的山口上都设置了雄伟的关隘：东部有函谷关和潼关，西部有大震关（又名陇关），南部有武关和大散关，北部有萧关。在古代交通不便、武器落后的情况下，关塞往往能发挥重要的作用，所以特别为人们所重视。函谷关和潼关是关中地区的东大门，属于这些关隘中比较著名的两座。

函谷关最初为战国时的秦国所修。它的位置在今河南省灵宝市函谷关镇的弘农涧西峰。这一带东起崤山，西至陕西潼关县，一百四十余里间悬崖峭壁，山高路险。特别是关城一段。在断裂的山石夹缝中，形成一条东西十数里如线装书函套般的狭长谷道，所以称为"函谷"，而且把修在谷中的关城称为函谷关。当时，这里仅能通过一辆马车，车前必定有一人健步先行，边走边呼喊："车来了！"以让迎面来的车子在稍宽的地方等候错开。不然在窄路处相逢，便进不成，退不能，会造成很大的麻烦，真正是"车不容方轨，马不得并骑"。古人说它"一夫当关，万夫莫开"，是有道理的。

函谷关西距长安四百里左右，北临黄河，南靠大山，是秦国东部的咽喉地带，关外，便是与秦互争雄长的山东六国，因

法国考古学者谢
阁兰于 1914 年拍
摄的河南灵宝市
函谷关

而秦王朝对它的防守特别严密。秦末刘邦的军队已经足以灭秦时，他还是不得不避开函谷关，而经由今丹凤县的武关再进蓝田县的峣关，然后屯兵霸上，强迫秦二世投降。金代诗人辛愿有所谓"双峰高耸大河旁，自古函古一战场"的诗句，说明这里在古代是兵家必争之地。

## 二

战国末年，秦国的势力日趋强大，秦都咸阳已成为人们注目的中心。东方各国的各种人物，经过函谷关到关中考察访问，留下了许多传闻佳话。

比如，秦昭襄王时期的著名思想家荀子，就曾到过咸阳。他考察了一圈之后，称赞秦国地理形势的险要和政治的修明，并指出秦国具备必然胜利的发展趋势。当时，齐公子孟尝君也曾冒着很大的风险前往咸阳，而且是在遭遇颇富戏剧性的周折后，才逃出函谷关的。

孟尝君姓田名文，有门客数千人。相传秦昭襄王因仰慕孟尝君的为人，请他来咸阳做客，并准备任为秦相。因有人挑拨，秦昭襄王便把孟尝君囚禁起来，想加以杀害。孟尝君派人向秦昭襄王宠幸的一位妃子求救，妃子要求送她一件齐国出产的价值千金的狐皮衣服作为报偿。但当时这件皮衣已经送给了秦昭襄王。正在为难之际，孟尝君门客中一名能为"狗盗"的人，半夜去宫中偷出了那件名贵皮衣，送给了妃子。在妃子的劝说下，秦昭襄王果然赦免了孟尝君。孟尝君一行想很快逃出秦国，便连夜赶到函谷关。因时间尚早，关门不开。其时，秦国有规定：鸡鸣开启关门，日落关闭。这时，孟尝君门客中又有人学公鸡啼叫，引得四处鸡鸣不绝，守卫的士卒便打开了关门。等到秦昭襄王派兵追来时，孟尝君一行已出关走得很远了。唐人胡曾《函谷关》诗："寂寂函关锁未开，田文车马出秦来。朱门不养三千客，谁为鸡鸣得放回？"就说的是这件事。

当然，地理条件的优越，只是在战争中取得胜利的一个因素。而当国家政治腐败，这些关塞也就失去了它往日的险要地位，不能发挥其优越性了。秦末农民起义军领袖陈胜的部将周文，就曾以破竹之势，长驱直入函谷关，一直打到今日西安市临潼区的东部一带。

汉武帝元鼎三年（前114年）前，屡立战功的将军杨仆，认为他的家乡宜阳（今河南省宜阳县西）处在函谷关之外，很不光彩，便上书汉武帝把函谷关东移，迁至相距旧址约三百里的新安县（今河南省新安县东），而在旧关城处设立了弘农县。东汉末年，曹操为了征伐据守潼关的蜀将马超等人，曾在灵宝市古函谷关以北十里的黄河南岸，修了一条运粮道，后人也有把这里称为函谷关的。现在，这里早已被三门峡水库所淹没。

## 三

东汉末汉献帝建安年间，又在秦函谷关以西一百多里的地

今河南灵宝市函谷关

方修筑了潼关。它的位置在今陕西潼关县东北、老潼关城（今港口镇）的东南。这里由于黄河水从韩城的龙门直泻而来，猛冲华山，所以又名冲关。后来又因为关旁有潼水流过，改名潼关。潼关东有崤山函谷关，西接华山，南靠秦岭，北面黄河，真正是"华岳三峰凭槛立，黄河九曲抱关来"。由于这里地处秦、晋、豫三省交会处，所以有"鸡叫一声听三省"的说法，形势是很险要的。

据文献记载，历史上在潼关进行过的战争达数十次之多。如曹操大破马超、韩遂军队的战争就在这个地方，唐将哥舒翰率二十万士卒大败于安禄山叛军的战役在这个地方，明末农民起义军领袖李自成的部队，也是在这里与明王朝军队经过激战后，攻破了潼关的。

在潼关地区现在仍能看到一些残破的烽火台，相传这是古代所修的从秦岭脚下直达黄河岸边的十二连城遗址。在三十余里的距离中，每三里设一城，驻重兵防守，发现敌情，即点燃烽烟，互相联络，出兵救援。潼关至今仍有许多地名如南营、北营、寺角营、第一寨、中军帐等，表明这里在古代与军营和战争的密切关系。

由潼关至函谷关的广大地区，古代统称桃林塞。《山海经》上说：从河南灵宝东南直到陕西华山之间的山名叫秦山，也叫夸父山。山北面有一片几百里大的桃林，就是桃林塞。传说古代有一位名叫夸父的英雄，要去追赶迅速奔驰的太阳。夸父忍饥受热，一直追到太阳落下去的虞渊。眼看要追上时，如火一般的太阳烧烤得他太渴了，他便去喝黄河和渭河的水。他一口气喝干了两条河的水，还不解渴，便往北去喝大泽中的水，可惜还没有走到，就渴死了。临死前，他抛掉了手中的拐杖，手杖落下的地方立刻变成了一大片桃树林，为后来赶路的人遮蔽太阳和解除口渴。想来现在潼关一带的桃树林，就是那时候变成的吧。

## 四

据《水经注》和《穆天子传》记载，周灭了商朝，统一全国之后，就把大批战马放养到潼关一带的桃林中，著名驾车人造父从这些已经野化了的马群中选出八匹骏马，让周穆王坐着这些马拉的车子周游天下。他走的路线按今天的地名说，就是东出潼关、函谷关，再北渡黄河到山西北部的滹沱河一带。然后北上到内蒙古后，转而沿黄河西行，经宁夏、甘肃、青海到达新疆地区。周穆王在昆仑山上游览了黄帝的宫殿，翻过山区，又一直走到了大地的"尽头"。在太阳落下的"崦嵫山"上，见到了他日夜思念的西王母。

相传周穆王给西王母赠送了圭、璧、丝绸等珍贵礼物，西王母在瑶池设宴为穆王洗尘。宴会间，他们都即席赋诗，互相祝贺。宴会后周穆王乘着酒兴，在崦嵫山顶一块巨石上奋笔挥就了"西王母之山"五个大字，命石工刻在石上；又在一旁种了一棵槐树，作为友谊的象征和永久的纪念。临别时，西王母回赠周穆王很多礼品，并作诗相送："白云在天，山陵自出。道里悠远，山川间之。将子无死，尚能复来。"意思是说：蓝天上飘着白云，山峰高耸云天。道路遥遥，山水阻隔。希望您健康长寿，还能来这里游览访问。

周穆王西游的故事带有许多神话色彩，但他出游的这一基本事实，确实开辟了古代中西文化交流的先河。他所走的从甘肃、新疆境内以至帕米尔高原以西的道路，应该就是汉、唐时代著名的丝绸之路的前身。在这种披荆斩棘、传播友谊的伟大事业中，不能不说，潼关附近桃林中所出的骏马，也做出了特殊的贡献。

# 鸿门宴：刘项入关

已如前述，秦始皇所采取的修长城和驰道等措施，在客观上对国家、人民有一定的好处，在历史上有进步意义。但工程过于浩大，超过了当时生产力所能承担的限度，特别是秦始皇在统一全国后，穷奢极欲，尽情挥霍，大修离宫别馆，又征发七十万人长期修建豪华富丽的阿房宫和骊山陵墓，这些沉重的负担，都落在了人民的头上。历史记载，秦代农民所服的劳役要比古代多三十倍，还得把三分之二以上的收成缴纳赋税，以致"男子力耕不足粮饷，女子纺绩不足衣服"[①]。再加上整个地主阶级的残酷盘剥，人民已经没有生活出路了，因而大量逃到山林水泽中去。秦始皇死后仅仅一年，公元前209年，就爆发了陈胜、吴广领导的农民起义。这一年，陈胜的部将周文攻破函谷关，长驱直入，打到临潼东部的戏水边上，使咸阳大为震动。后来因为后援断绝、义军内部争权夺利，特别是陈胜被人暗害后，形势急转直下，使秦王朝得到了喘息的机会。但反秦的烈火，是再也无法扑灭了。

公元前207年，楚国旧贵族出身的项羽率军在巨鹿（今河北省巨鹿县）与秦军主力决战，歼敌近十万，打死秦将苏角，俘获秦将王离。原来负责接应王离的秦将章邯，在农民军巨大的压力下，又加上受到秦二世和权臣赵高的猜忌，便率领二十万士卒向项羽投降。从此，秦军主力被彻底消灭。

---

① 《汉书·食货志》。

当战败的消息传来时，秦统治集团一片混乱：权臣赵高逼迫秦二世自杀，另外扶立起秦二世的侄子子婴。为了缓和矛盾，他让子婴免去了皇帝称号，而仅称秦王，表示愿意与起义军首领平分天下。后来，秦王子婴又杀了骄横的赵高。

同一时期，当过秦沛县泗水亭（今江苏省沛县东）亭长、人称"沛公"的刘邦，率领农民军按照与项羽等人共同拥立的楚怀王（名叫熊心，为战国末期楚怀王熊槐之孙）的命令进攻关中。他们在今天的河南中部打了几个胜仗之后，绕道武关（位于今陕西省丹凤县东南），于公元前206年冬进军灞上，也就是今天西安市东南灞河西岸的白鹿原上。秦王子婴见大势已去，便带着原来准备世世代代传下去的玉玺，白马素车，脖子上还挂着一条丝绳子（表示随时准备服罪被勒死），到临近灞河的轵道亭去向刘邦投降。

刘邦进咸阳之后，约法三章，规定杀人者死，伤人及盗抵罪，废除了秦的全部苛法。他还接受了张良和樊哙的建议，除由萧何带走秦王朝的档案图籍外，把储藏金银财宝的仓库一律封存好，仍然还军于灞上。这样做，显然有利于刘邦的军队保持旺盛的战斗力，应付当时各路军马互争雄长和都想当皇帝的局面。

巨鹿之战后，项羽在新安（今河南省新安县东）残酷地杀害了秦章邯原部二十万已经投降的士卒，率兵四十万向关中进发。项羽半路上听说函谷关已经由刘邦派兵把守，紧闭不开，大为震怒，立即命令大将黥布等人攻破关门，进军鸿门（今陕西省西安市临潼区东北），与刘邦军遥相对峙。正是在这一背景下，在鸿门的一次宴会，拉开了刘邦与项羽激烈争夺政权斗争的序幕。

项羽初到时，刘邦部下执掌军政的左司马曹无伤为讨好项羽，求得厚封，偷偷去向项羽挑拨说："沛公想在关中称王，让秦王子婴做他的丞相，并且已经霸占了秦王朝所有的珍宝。"项羽听后勃然大怒，第二天就命令士卒饱餐后出发，去消灭刘邦的军队。他的主要谋士、号称"亚父"的范增进一步提醒说："沛公在函谷关东边时，贪图财物、美色。今天进入关内，他一不取珍宝，二不搞女人，说明他还有更大的雄心。一定要抓住眼前时机，迅速出兵。"

项羽的叔父项伯，与刘邦的谋士张良一贯交情很深。他连夜赶到刘邦军中，把项羽的行动计划告诉张良，并劝他赶快逃走，以免死于即将到来的恶战中。张良认为，这样做不合情理，便把全部情况转告刘邦。刘邦立即设宴款待项伯，敬如兄长，约定日后结成儿女亲家，并解释说："我进入函谷关以来，即便是细小的财物都不敢取用；编制了秦官吏和百姓的户口册子，查封了全部金银珠宝，专门等待项将军到来。之所以派兵把守函谷关，是为了预防意外事变，绝没有别的想法。希望你回去说明我是不敢忘恩负义的！"项伯答应转达这些话，并请刘邦第二天一大早就亲自去向项王道歉。

项伯又连夜回到楚军营中，向项羽做了汇报，最后解劝道："不是沛公攻破关中，你怎么能这么轻而易举地来这里？人家有大功而派兵攻打，是不合道理的。这样做，会丧失人心。不如当明天他来时，客客气气地招待一番。"项羽同意这么办。

刘邦第二天带着一百多人到鸿门去，见到项羽后说明他们之间发生隔阂是有人挑拨的结果。项羽顺水推舟，把老底全部托出："要不是沛公的左司马曹无伤说了那些话，我怎么会这样对待你？"随后便留沛公在鸿门军营中饮宴。

西汉壁画《鸿门宴图》（现藏于洛阳古墓博物馆）

　　在宴会上，范增多次用目光向项王示意，又三次举起他所佩带的玉玦，暗示项王快下决心，杀死刘邦，但项羽默默不应。范增急忙找来项羽的堂弟项庄，要他假装祝寿，然后请求舞剑助兴，乘机杀掉刘邦。项庄在席前开始舞剑后，项伯也跟着拔剑起舞，不断用身子掩护刘邦，因而项庄得不到下手的机会。

　　张良见情况紧急，来到军营门口告诉跟随刘邦立过很多战功的樊哙说："项庄舞剑，意在沛公！"樊哙一听立即往里闯，连手持武器阻拦的卫士都被他碰倒了。他来到房子里，怒向项羽，头发直竖，双目圆睁，眼眶都要裂开了。项羽大吃一惊，手按宝剑，直起身子，准备站起来，急问："来客是干什么的？"张良介绍说，这是刘邦的随身侍卫樊哙。项羽赞叹道："壮士，赏他一大杯酒喝！"樊哙拜谢后，一饮而尽。项羽又赏给他一条猪腿。左右的人拿来一条半生的猪腿，樊哙拔剑在盾牌上边切边吃。项羽称赞说："壮士，还能再喝吗？"樊哙回答："臣下死都不怕，一杯酒算得了什么！"接着，他又把项羽不该听信闲言准备加害于沛公的事数说了一遍，弄得项羽说不上话来。

又过了一会儿，刘邦说要上厕所，与卫士樊哙一起出来，立即带着夏侯婴、靳强、纪信等战将，从骊山根抄小路急回灞上。只留下张良处理善后问题。

项羽见刘邦亲自来赔情，气已经消了大半，而且觉得在这种场合杀人的确会大失人心，因而没有理会范增的暗示。几杯烧酒落肚后，项羽更加飘飘然起来，刘邦出去好长时间，他也毫不在意。估计刘邦一行已到灞上时，张良才抱歉地说："沛公没有酒量，已经醉了，因不能前来告辞，特派我将白璧一双拜献大王、玉斗一双奉赠范大将军。"项羽问道："沛公现在在哪里？"张良回答："他怕大王找他的茬子，已独自回到军中去了。"项羽便不再说什么，接受了送给他的白璧。但范增气得拔剑击破玉斗，并且指桑骂槐，朝着未能杀死刘邦的项庄责备道："这小子，不值得与他商量大事！"实际上是埋怨项羽不能下决心。后来在楚汉战争中，范增便被迫离开了项羽的军队。

几天后，项羽率军到咸阳大杀一场，连已经投降的秦王子婴也不能幸免；又"分天下，立诸将为侯王"，在全国共分封了十八个王国，并且自封为西楚霸王。项羽故意不将关中这块重要地方分给刘邦，而把他封为汉王，以南郑（今陕西省汉中市南郑区东）为都城，管辖当时比较偏僻而且交通不便的巴蜀、汉中一带地方。然后，放火焚烧秦咸阳宫殿，大火一直烧了三个多月。千百万劳动人民用血汗凝结而成的宏伟建筑毁于一旦，变成了废墟。今咸阳市东北窑店一带的秦宫殿遗址中，有很多火烧的痕迹，附近还曾出土被火烧结成块状的秦代铜器，应该都是项羽火烧咸阳留下来的证据。项羽烧了咸阳宫后，便带着大量珍宝和妇女向东撤军，沿路烧杀抢掠，席卷一空。

项羽撤军后，刘邦经过几年的艰苦努力，使部队终于壮大成为一支能与项羽军相抗衡的强大力量，不久便爆发了楚汉战争。公元前 202 年垓下（今安徽省灵璧县东南）一战，楚军被汉军彻底消灭，项羽在四面楚歌声中逃到乌江自杀。刘邦即皇帝位，史称汉高祖。

鸿门宴前后的一系列事件充分表明，项羽是一个心胸狭隘、独断专横、贪婪残暴，而又缺乏远见的人。这与刘邦的豁达大度、知人善任、能够倾听不同意见的特点恰成对比。可以设想，如果项羽在鸿门宴上听范增的话杀了刘邦，中国可能将有一段完全不同的历史，人民将遭受更大的灾难。由于项羽有这些弱点，因而他的兵力虽然曾经远胜于刘邦，但在短短的几年中每况愈下，走上了失败的道路。

# 第三章

## 灿若星斗

十

长安城中街道纵横交错，建筑物鳞次栉比，交通四通八达。汉代长安是我国历史上早期出现的规模宏大的城市。雄伟的「斗城」正像是天上的一颗明星，闪耀在世界的东方。

# 漫话"斗城"

公元前 202 年，刘邦打败项羽，即皇帝位，定国号为汉。他采纳了娄敬和张良的建议，决定建都关中，都城位置就选在渭河南岸一个叫长安的乡村一带。可能因当时咸阳已被项羽焚烧一空，所以汉王朝最初驻在秦的旧都栎阳。直到公元前 200 年和公元前 198 年，长乐、未央两座宫殿相继修好的时候，才搬进新城。这就是著名的汉长安城。

当时的长安还没有外城，直到公元前 194 年汉惠帝时期，才征调民工，修了外郭城。由于先有宫城，后修的外郭城随宫殿建筑的不规则位置而曲折变化，北部和南部都有几处凸出转折的地方，恰像是天上的北斗星和南斗星，所以人们又把它称为"斗城"①。

据《三辅黄图》记载：汉长安城周长六十五里（约合今二十六公里），城墙高三丈五尺，周围有十二个城门。东城墙从北到南三座城门，分别叫宣平门（又名东都门或东城门）、清明门（又名籍田门或凯门）、霸城门（又名青门或青绮门）；南城墙东起三门分别是覆盎门（又名杜门或端门）、安门（又名鼎路门）、西安门；西城墙南起三门分别是章城门（又名光华门）、直城门、雍门（又名西城门）；北城墙西起三门分别是横门（又名便门）、厨城门、洛城门（又名高门）。这些城

---

① 《三辅黄图》。

门的名称，经常出现在唐人诗作中。李白诗"何处可为别，长安青绮门"①，就是以汉长安东城南头的城门，代指唐长安城相应位置的延兴门。

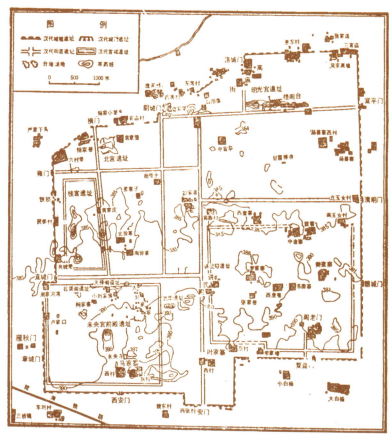

汉长安城遗址范围及地形示意图

汉长安的每座城门都有三个门洞，每个门洞各通一条大路。中间的一条大路叫作"驰道"，是专门供皇帝的车马行走的。这种驰道不仅普通老百姓不能行走，就连皇太子也不敢横过。《汉书》记载：成帝刘骜当太子的时候，最初住在未央宫

---

① ［唐］李白：《送裴十八图南归嵩山二首·其一》。

北部的桂宫。一次，皇帝有急事叫他，他不敢横过驰道，一直绕到允许横越的地方，才匆忙跨过。可以想见，这给城里的居民造成了多大的不方便。

长安城中街道纵横交错，穿插于宫殿群和居民区之间。历史文献说，城内有"八街、九陌、三宫、九府、三庙、十二门、九市、十六桥，水泉深二十余丈"①，反映了长安建筑物鳞次栉比、交通四通八达的情况。汉代长安是我国历史上早期出现的规模宏大的城市。雄伟的"斗城"正像是天上的一颗明星，闪耀在世界的东方。

整个长安城的设计和建设，都是以为皇家和最高统治集团服务为出发点的，因而仅长乐、未央两座宫殿群，就占了城内一半以上的土地面积。

长乐宫是整修秦代的离宫兴乐宫而成的。它共有十四座殿台楼阁建筑，汉朝廷最早就设在这里。刘邦初次让群臣演习朝拜皇帝的闹剧，也是在这里发生的。

刘邦出身于下级小官吏，早年比较接近社会下层，起义后也还保持着农民军朴素的作风，因而在长时间的战争生活中，与大家一直相处得比较融洽。到公元前202年，刘邦在栎阳登上皇帝宝座时，这些开国功臣一个个仍然满不在乎，在朝廷宴会上大吃大喝，争抢功劳；有的醉得颠三倒四，大喊大叫，甚至拔出宝剑来乱砍柱子，秩序混乱到了极点。刘邦很伤脑筋，但一时也想不出办法来。这时，一个叫叔孙通的人，建议刘邦制定一套朝见皇帝的礼仪制度，要求大臣上朝时抬手举步、站立的位置和面朝哪边，都有固定程式；由御史监督执法，违反

①《汉旧仪》，转引自《关中胜迹图志》。

朝仪的，立即斥退。叔孙通先让大家反复练习。公元前200年长乐宫修好时，便在这里做了一次正式的朝会表演，群臣果然个个都战战兢兢，"肃敬至礼"，而且"竟朝置酒，无敢喧哗失礼者"。看到这种情况，汉高祖刘邦大为高兴，扬扬得意地说："吾乃今日知为皇帝之贵也！"[1]他的皇帝宝座稳定了，也就完全走向了农民阶级的反面。为了巩固皇家的地位，连许多曾与他出生入死、共过患难的大臣，也逐渐被疏远甚至被杀害。开国功臣、淮阴侯韩信，就是被汉高祖的皇后吕雉骗至长乐宫悬挂大钟的钟室杀害的。清人李柏借他在未央宫遗址区看到的红色野草，结合历史事实对吕后的阴谋做了深刻的揭露：

吕雉阴图诸吕安，诛刘大将必诛韩。
天公欲白淮阴事，草色千年血尚丹。

刘邦与他的儿子汉惠帝刘盈相继死去后，吕后乘机以长乐宫为据点，全面控制了朝廷大政。她为了进一步篡夺政权，改变了刘邦生前的规定，封吕姓四人为王，并大杀刘姓诸王。公元前180年，吕后病死，太尉周勃等人才在未央宫等地方镇压了所有吕后安插的亲信。

从汉惠帝开始，皇帝都搬到未央宫起居、听政，庞大的长乐宫仅仅作为太后的住处，人们把它称为"东宫"。

未央宫的位置在汉代长安西南部的西安门里，与东边的长乐宫相距一里，是刘邦的开国宰相萧何负责修建的。这里曾经是西汉和以后的前赵、前秦、后秦、西魏、北周等几个朝代的国家政府所在地，是中国古代著名的宫殿群之一。它与"斗城"长安共同存在了近八百年，到隋初，被彻底破坏。未央宫由承

[1]《史记·叔孙通传》。

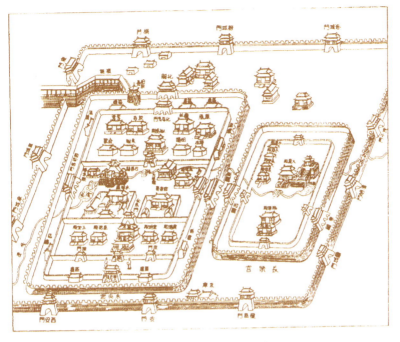

汉长乐宫、未央宫图（清代毕沅《关中胜迹图志》）

明、清凉、麒麟、凤凰等四十多个殿台和楼阁组成，它的富丽
堂皇，甚至连刘邦都觉得太过分了。历史记载，刘邦于公元前
199年刚从前方打仗回来，看见未央宫修得这么豪华，生气地
责备萧何说："而今天下扰攘不安，多年来艰苦作战，我们是
成是败还不一定，为什么把宫殿修得这么阔气？"萧何却回答
说："天子以四海为家，宫殿不壮丽就不能突出皇帝的威风，
而且也不应让后世超过我们。"刘邦听后，又高兴起来。[1] 这
说明封建统治者除利用宫殿起居享乐和朝会群臣外，还把这些
建筑本身看作皇权的象征，借以显示皇帝的威严。公元前198
年，各地诸侯王来长安朝会，刘邦在未央宫前殿举行宴会时果
然大为高兴。当他举起酒杯来为他老子祝寿时，喜笑颜开地问：

---

[1] 见《汉书·高帝纪》。

"当初你老人家常骂我无赖，不如老二（刘邦排行第三）会治产业。现在你看我治的这份家业与老二比谁的多？"①"普天之下，莫非王土。"在封建社会里，皇帝正是把整个国家看作私人家产的。"笑他萧相非王佐，壮丽徒迎汉帝欢。"②萧何这个开国名相，为讨好皇帝而在国家困难时期就大兴土木的做法，无疑是应该受到指责的。

未央宫修成后，还不断加以整修更新。以东西宽五十丈、深十五丈的前殿作为例子，到汉武帝时期，又改用"木兰"作为它重叠的屋椽，用"文杏"作为梁柱；大门上有金兽衔着门环，四周装饰着耀眼的宝石；雕梁画栋，玉石柱础，长廊两旁是镂空成花的栏杆；在有连环图案的宫门里，红漆地面明光闪亮；宫门外左边是层层的台阶，右边是平缓的坡道。③真正是"木衣绨绣，土被朱紫"。杜甫诗中的"一去紫台连朔漠"④，说的是昭君出塞的故事，"紫台"一词正好真实地反映了汉代长安建筑于高台上的宫殿中，地面涂漆后一片紫红色的情况。在两千多年前的历史条件下，这无疑已经是绝顶豪华的建筑物了。

未央宫的正门名叫端门。平时一般朝臣谒见皇帝时走北门。由于北门外立着汉武帝时的著名相马人东门京所制的一匹大铜马，所以又名金马门。当时备顾问的职官，也在金马门等待皇帝召问。西汉有名的学者公孙弘、文学家扬雄，都曾在这里等待皇帝的诏命，这就是史书中常说的"待诏金门"，或"待召金马门"。金马门还有"鲁班门""黄门"等不同的名称。

---

① 见《汉书·高帝纪》。

② ［清］李柏：《未央宫》。

③ 见《三辅黄图》。

④ ［唐］杜甫：《咏怀古迹》五首之三。

　　宣室是未央宫前殿侧旁的一间房子，皇帝常在这里举行迷信的斋戒仪式。李商隐曾作诗《贾生》："宣室求贤访逐臣，贾生才调更无伦。可怜夜半虚前席，不问苍生问鬼神。"写的就是汉文帝在一次祭祀后，在这里接见著名政论家贾谊的事。汉文帝是封建文人所称道的一个所谓能怜惜百姓疾苦的皇帝，但却听信谗言，把主张削弱诸侯王地方割据势力、提倡发展生产的太中大夫贾谊，贬为长沙王太傅。几年后文帝"求贤"，又把贾谊召到未央宫的宣室里，一直长谈到半夜。但他所问的，都是关于鬼神的荒唐虚妄之事。可以看出，皇帝的"求贤"和"怜惜百姓"，也往往是官样文章，做出一副姿态罢了，很少有实际意义。

　　未央宫北边的天禄阁和石渠阁，是储藏图书典籍的地方，因而有"天禄、石渠，典籍之府"[①]的说法。萧何进咸阳所收集的秦朝廷图书档案，以及后来从民间所征集的大量典籍，整理后就收藏在这里。可以说，这是我国最早的档案馆或图书馆。司马迁的《史记》，就是参考这些档案图籍写成的。

　　未央宫的麒麟阁，由于汉宣帝时将霍光、张安世等十一位功臣的像画在阁上，又一再被后世诗人写进他们的诗章中去，所以它成为一座引人注目的建筑物。

　　未央宫是自从刘邦登上皇帝宝座，直到王莽失败为止，西汉全部历史时期的最高政治舞台中心，是当时中国所有大政方针的决策地。

　　公元前104年，汉武帝在长安西城外皇家园林北部的原来秦代建章乡所在地，修了新的宫殿，叫建章宫。建章宫中的建筑物密密层层，因而被称为"千门万户"。宫北部有一个名叫

---

汉长安城东南城角遗址（谢伟供图）

太液池的人工湖，在碧波荡漾的湖水中，修了蓬莱、方丈、瀛洲三座象征传说中的海上仙山的人工岛屿。池北岸还特意放了一条两丈长的石鲸鱼，西岸又放了两只六尺长的石乌龟。

汉武帝像秦始皇一样，曾经虔诚地膜拜他幻想中的"神仙"，费尽心机去追求长生不老。因而，他特意在建章宫修了一座高五十丈的神明台，安置了一百名道士在上边为他祈祷。《三辅黄图》说，神明台是武帝祭祀"仙人"的地方，台上装有"铜仙人舒掌捧铜盘、玉杯，以承云表之露；以露和玉屑服之，以求仙道"。后来到魏明帝的时候，拆下了这个捧盘"仙人"，打算运到魏都洛阳去。因为太重，实在搬不动了，半路抛弃在灞河岸上。唐代诗人李贺在《金铜仙人辞汉歌》中惋惜地指出，追求长生不老的汉武帝，终于不能避免人人相同的死的归宿；连他借以求仙的捧盘"仙人"，都被拆散运走，难怪铜人也要伤心落泪了。诗是这样说的：

茂陵刘郎秋风客，夜闻马嘶晓无迹。

画栏桂树悬秋香，三十六宫土花碧。

魏官牵车指千里，东关酸风射眸子。

空将汉月出宫门，忆君清泪如铅水。

衰兰送客咸阳道，天若有情天亦老。

携盘独出月荒凉，渭城已远波声小。

　　"三十六宫"，就是班固《西都赋》中所写的汉皇家园囿中的"离宫别馆三十六所"。赋中写道，园林宫殿的主人已经死去，因而里边长满了苔藓。

　　建章宫北部有高二十多丈的圆阙，上面各装置着一只铜凤凰，因而又名凤阙。古代歌谣所云"长安城西双圆阙，上有一双铜雀宿。一鸣五谷生，再鸣五谷熟"①指的就是这里。建章宫中还有一座全部用木料构架而成的高五十丈的井干楼，可以想见它高耸入云的雄伟气势。

---

① ［宋］宋敏求：《长安志》。

除上述三座宫殿群外，长安还有桂宫、明光宫，以及北宫等，规模都比较小。这些宫殿并不集中在一起，皇家往来交通，大都经由架在空中的"飞阁"和连接各宫的地面"复道"。"跨城池作飞阁，通建章宫，构辇道以上下"①，指的就是这类建筑物。

汉代建筑技术相比前代有了很大的进步，出现了房屋木构件各部分的专门名称，如欀、档、轩、槛、楹、棼、橑等；有了较多的甚至完全是用木料结构的高层建筑物。汉代长安金碧辉煌的宫殿群，无疑是古代工匠们智慧的结晶和劳动的成果。

汉代皇家的苑囿上林苑，是汉长安城的一个有机组成部分。到武帝时期，它已扩大到包括今天陕西省长安、鄠邑、周至几个县、区的广大地区。苑内放养着无数的珍贵禽兽，供皇帝射猎，并且栽植了各种树木和奇花异草三千多种。正像班固在《西都赋》中所描绘的："西郊则有上囿禁苑，林麓、薮泽、陂池连乎蜀汉，缭以周墙四百余里。"仅仅四周四百多里长的围墙，就是一项多么大的建筑工程啊！

传明代仇英所绘《上林图卷》（局部）

---

① 《三辅黄图》。

公元前 120 年，汉武帝命人在上林苑中开凿了周长四十里的昆明池。池水由沣、滈等河流引来，聚成大湖后流出，经过长安城，流入渭河。修昆明池原来是为了训练水军的，也解决了通往关中东部入黄河的运粮漕渠和长安城内水渠的水源问题。但这里主要还是供皇家贵族游乐的场所，因而在上林苑中修了三十余所离宫别馆，并把昆明池作为天上银河的象征，雕刻了男、女石人各一尊，立在池水两岸，称为牵牛和织女；在水池边放了一条巨大的石雕鲸鱼。

昆明池故址，在今长安区斗门街道（原斗门镇）一带。斗门镇有石刻人像一尊，被称为"石父"。斗门镇东边五里左右，也有石刻人像一尊，被称为"石婆"。石父、石婆，应该就是汉代昆明池上的牵牛、织女的雕像。在唐代，昆明池还基本上保持着原来的状态。杜甫在《秋兴八首》的第七首中描绘道：

> 昆明池水汉时功，武帝旌旗在眼中。
> 织女机丝虚夜月，石鲸鳞甲动秋风。
> 波漂菰米沉云黑，露冷莲房坠粉红。
> 关塞极天唯鸟道，江湖满地一渔翁。

可见当时织女、石鲸还都在池上。再从韩愈的"问言何处芙蓉多，撑舟昆明度云锦"[①]等诗句看，唐代这里仍然是一片汪洋大水，水上盛产菰菜、莲藕，一派欣欣向荣的景象。宋敏求《长安志》说："唐贞元十四年（798 年）置石父庙。"又说："石婆庙并在县西南三十五里昆明池右。"这说明，把牵牛、织女称为石父、石婆已经有很久的历史，它们的位置也大体没有变动。

---

① ［唐］韩愈：《奉酬卢给事云夫四兄曲江荷花行见寄并呈上钱七兄阁老张十八助教》。

汉长安城遗址位于今天西安市西北十余里的地方，由于这一带从隋、唐以后远离市区，人为的破坏比较少。今天，它的南墙还大体完好地矗立在地面上，其他三面，也各保存了一些段落；北墙最高的地方，还有十米多高。从发掘的霸城门等四座城门看，各门都有三个宽阔的门洞。这些城门不同于后世的砖券建筑，当时都用木料修成门楼，城门洞里恰好可以并排走四辆马车，与张衡《西京赋》中所说的长安三条街可以"方轨十二"的描写，是完全一致的。各城门也确实连接了三条平行的道路，中间是皇帝专用的"驰道"，更显得平整。三条道路之间的阴沟中，出土了很多五角形和圆形的排水道，说明长安城里已经有了统一的排水系统。

汉代为了加强中央集权和保证首都的供应，在各方面采取了很多新的措施。当时将宫殿区、居民区和工商业区置于一个大城之中，与后世都城的结构已大体相同。分散在东西两处的九个市场，主要是商业活动区。从当地出土的大量陶俑和钱范看，九市不仅是商业区，而且有制陶、铸钱等大型手工业作坊。这些作坊无疑都是官办的。将货币制造业安置在长安城内，反映了国家严格控制经济，以维护中央集权的政策。

汉代初年，诸侯、豪强各自铸造钱币，在经济上造成很大的混乱。朝廷曾为这件事多次与各地发生激烈斗争。汉武帝下令销毁各种私制铜钱，而在京城长安铸造五铢钱通行全国，对加强国家的统一，无疑是有利的。

为了维持皇家宫殿群的安全，城内驻有大量军队，使长安实际成为一座庞大的军营。如各城门都设重兵把守，宫门卫士多达两万人，统率城门兵的是爵位很高的皇家亲信。还有南军、北军，专门负责未央、长乐宫等几个主要宫殿的安全。在未央、长乐宫之间，设置了一座武器库，以供应军队士卒所需要的武器。经 1976 年实地发掘，出土物中有盔甲、箭头、剑身等武器残片，也表明了武器库的巨大规模。

未央宫前殿遗址的高大土台基，至今在十数里外仍可望见。从这里向北另有一个较小的土堆，大约是天禄阁的遗址。

汉代建章宫高约五米的夯土台基遗址仍清楚可辨，今台基上和台基下的两个村庄，分别称为高堡子和低堡子，或者合称高低堡子。高低堡子东北另有一个叫双凤寨的村子，从这里远望那两个孤立在农田中的土堆，还可以想象当年凤阙的雄姿。高低堡子西北有一片低洼地，应为太液池的遗迹，现在这里是一个大果园。

1973 年，考古工作者与当地农民，共同在太液池遗址区挖出来一条长一丈多的石鱼。石鱼整个为圆锥形，平头锐尾，上边有许多雕凿痕迹，这大概就是太液池中的那条鲸鱼了。

西汉历代皇帝除了住着豪华的宫殿，尽情挥霍之外，他们从即位的第二年开始，每年还要拨出国家税收的三分之一，为自己营建巨大的陵墓，叫作"寿陵"。相传，帝王陵园占地七顷，其中墓堆占地一顷。陵墓高十二丈，深十三丈，墓室高一丈七尺；有四个墓道，都能通过六匹马驾的大车。四门埋设暗箭、伏弩等机关，以防备盗墓人。墓穴方圆一百步，六马大车、虎豹禽兽，以及金银珠宝、丝绸衣物、粮食和日常用品等，都放在里边。死去的皇帝口中含着蝉玉片，身上穿着襚衣。襚衣是用金线连缀玉片而成的像铠甲一般的衣服，因而又叫作"金缕玉衣"[1]。

_____

[1] 《后汉书·礼仪志》引《汉旧仪》及《皇览》。

帝王陵墓堆用土筑成，略呈方形，顶部平整。汉代人称帝王陵为"方上"，大概和它外表的四方形状有关系。

陵园有供祭祀用的寝殿、便殿、庙宇等建筑和供陵令、园长、门吏、守陵人、浇树人、清扫人等数千人居住的房屋。当时规定要"日祭于寝，月祭于庙，时祭于便殿"[①]。

为了保护陵墓，从西汉初年开始，朝廷就把功臣贵戚和各地富豪人家迁到汉高祖刘邦的长陵，在陵北设置了长陵县。后来几代相沿，都这样按陵设置县邑，因而在长安附近形成了一个个繁华的新城市。当时，以高祖的长陵县、惠帝的安陵县、景帝的阳陵县、昭帝的平陵具、武帝的茂陵县最为著名，因而又把这五座陵墓所在的咸阳原，称为"五陵原"。这些陵邑中的豪富人家和他们的子弟，斗鸡走马，为非作歹，"富人则商贾为利，豪杰则游侠通奸"[②]，因而后来"五陵少年"就成了此类纨绔子弟的同义语。白居易《长恨歌》中的"五陵年少争缠头"，杜甫《秋兴八首》中的"五陵衣马自轻肥"，都有这个意思。

在五座陵墓中，又以武帝的茂陵最为突出。《关中记》说："汉诸陵皆高十二丈，方一百二十步。惟茂陵高十四丈，方百四十步。"

茂陵位于西安西四十公里左右的兴平市，陵高四十六米多，占地八十六亩。如果把陵土堆成高、宽各一米的长堤，可以绕西安城八圈。茂陵从公元前139年动工修建，一直修了53年。里边装满了"金钱财物、鸟兽鱼鳖、牛马虎豹生禽

---

① 《长安志》卷十四《汉武帝茂陵》条注引《关中记》。
② 《汉书·地理志》。

凡百九十物"①，以致到武帝死的时候，再也放不进去东西了②。可以想见，这一切给人民带来了多么大的灾难，就连朝廷官员中，也有人认为，这种"虚地上以实地下"的做法太过分了。③

在开始营建茂陵的同时，改茂乡为茂陵县（位于今陵东三公里的窦马村），迁各地富豪家二十七万多人到这里。著名历史学家司马迁，就是这时由夏阳（治今陕西省韩城市南）搬到这里来居住的。

1973 至 1975 年，茂陵农民先后在陵附近发现白虎纹条砖、玄武纹条砖、丹凤纹空心砖、龙虎纹空心砖各一件，以及带有篆书文字的瓦当等。这些应该是陵园中建筑物上的遗物。1973 年 10 月，在窦马村东南出土拐角形陶水道管两件，还发现了许多西汉建筑遗址、石子路面，以及五角形陶水管道等，反映了当时建筑设计的进步和茂陵县城街道的平整。

茂陵附近还有卫青、霍去病、霍光等人的陪葬墓二十多座。茂陵与霍去病墓石雕，均被国务院公布为全国重点文物保护单位。

---

① 《汉书·贡禹传》。
② 《新唐书·虞世南传》。
③ 《汉书·贡禹传》。

# 繁荣的汉长安

　　由于秦代统治者的残酷剥削和滥用民力，加上秦末战乱的严重破坏，因而汉王朝初期，人民生活极端困苦，物质非常贫乏，以至于皇帝都找不到四匹毛色相同的拉车马，宰相、大将都只得坐牛车[①]，慢腾腾地颠簸着去上朝。为了改变这种状况，以维护封建统治者的根本利益，西汉初期的几位皇帝都采取了休养生息、发展生产、奖励农耕的措施。汉武帝时期更大力兴修水利，使用新式农具，使农业生产有了显著提高。由于从函谷关以东各地向京师调拨的工农业产品，主要用船经过黄河西上，再转由渭水运到长安；而渭河河道弯曲，水浅沙多，水量很不稳定，不能经常保持畅通无阻，因此，公元前129年，大司农郑当时建议开凿人工渠道。武帝采纳了郑当时的意见，命令水工徐伯测量以后，动员几万民工，费了三年时间才修成。这就是西起长安昆明池，向东横过灞、浐等河流，直至今潼关县北部流入黄河，全长三百多里的漕渠。漕渠运输比渭河航道缩短了大约三分之二的路程，而且使沿渠两岸一万多顷农田得到了灌溉。这是西汉第一个规模比较大的水利工程。

　　专门为浇灌而修的水渠，除秦代的郑国渠和汉武帝太始二年（公元前95年）修的白公渠已经在前文做过介绍以外，这一时期，关中各地还修了六辅、龙首、灵轵、成国等渠道，使

---

① 见《汉书·食货志》上。

大量农田变为水浇地，成倍地提高了产量。

从春秋或者更早时期开始使用的铁器，在汉代已普遍用到农耕上。特别是武帝时期，赵过发明了三脚耧，采用了使土地合理轮休的办法，对发展农业生产起到了重要的推动作用。三脚耧一次播种三行，而且把开沟、下种、覆盖三道工序一次完成，这在当时无疑是农业机械上的重大革命。为推广这种新式农具，汉王朝的大司农专门组织技术高的工匠进行制造，又命令各地的县令、三老、农官和有经验的老农到长安学习操作方法①。成帝时（前32—前7年），氾胜之在农民的实践基础上，总结出了掌握节令气候、辨别土壤特点、预防干旱，以及如何施肥、选种、下种的办法，说明西汉时期已经积累了比较全面、系统的耕作经验。

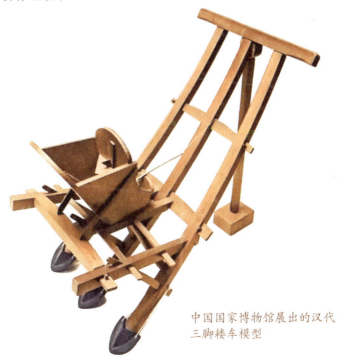

中国国家博物馆展出的汉代
三脚耧车模型

———————————

① 见《汉书·食货志》上。

汉阳陵陶仓（现藏于汉景帝阳
陵博物院）

1975 年，在西安西郊鱼化寨，一次就挖出西汉铁制农具八十五件之多，出土地点恰恰位于汉代上林苑故址的范围里。这批农具整齐而又完好地摆在地窖中。近年来，在西安一带的西汉墓葬中，又曾出土大量陶仓、陶廪、陶井、陶灶等，有的上边写着"粟囤""麦囤"等字样，仓廪里还往往有残留下来的粮食。这些都反映了当时人民对农业生产的重视，以及粮食在人们心目中的重要地位。

"农业是整个古代世界的决定性的生产部门。"[1] 由于农业的发展，长安出现了一派兴旺和繁荣昌盛的局面。《汉书·食货志》里有一段话说：汉武帝初期，除了遇到水、旱灾害，年年百姓富足，城镇农村的粮仓都装得满满的，京城里皇家的钱数百万万，穿钱的绳子都腐朽了，因而数也数不清。大仓里边的粮食年年增加，陈粮又加上陈粮，以致腐烂得不能再吃。当官的职位很稳定，生活也很优越，连街巷小吏都是美味佳肴大吃大喝。这里反映的，当然主要是皇家贵族和地主阶级的生活情况，但也说明国家的确是富裕起来了，长安的确成了全国的

---

① 恩格斯：《家庭、私有制和国家的起源》，《马克思恩格斯选集》第四卷，人民出版社 1972 年版，第 145 页。

财富中心。这是武帝时期国势强盛、国防巩固、政局比较稳定的一个重要原因。

在农业发展的基础上，西汉的工商业也达到了新的高峰。当时的首都长安，最好地反映了工商业的繁荣情况。

手工业中最主要的如冶铁、木工、漆器、制革、丝绸纺织、机械制造、砖瓦业等，较前都有了很大的进步。拿纺织业作为例子，汉王朝在长安设有东、西织室，集中了大量优秀工人，专门为皇家生产高级丝绸绫绢。民间的纺织业更是竞放异彩，新的技术往往从民间而来。如巨鹿（今河北省平乡县）人陈宝光的妻子，能织葡萄锦、散花绫等新的花色品种，大将军霍光的妻子便把她召到长安为自己织作。相传，陈宝光妻子用的织机有一百二十个镊子，六十天就能织一匹绫绢。

漆器和玉器也是汉代手工业生产的大宗。近年在陕北出土的描花漆盘，在咸阳出土的玉熊、玉鹰、玉马、玉辟邪等，小巧玲珑，造型优美，都是难得的艺术珍品。有一件民间称为"猴骗马"的玉雕刻品，马上骑着一只猴子，马是正在站起来的姿势，猴子泰然自若地坐在上边，形象生动逼真。

纸是记录文献和传播文化的重要工具之一，我国是最早发明造纸技术的国家。过去一般都认为，公元105年，东汉时期的宦官蔡伦首先造出了纸。但是，1933年，新疆罗布泊附近的西汉烽火台遗址出土了公元前1世纪的西汉麻纸。特别是1957年5月，在西安东郊灞桥砖瓦厂出土了包裹铜镜用的纸张残片。铜镜是公元前2世纪西汉初期的制品。包裹铜镜的这些纸是由大麻和苎麻纤维制成的，质地粗糙疏松，应该是西汉早期的产品。这是世界上现存最早的植物纤维纸张，已被专家定名为"灞桥纸"。事实说明，蔡伦只是在劳动人民长期造纸

西安出土的西汉齿轮

实践的基础上，总结了这一技术，并加以提高和推广的人。

至今还没有发现过完整的汉代机械，但却多次出土过作为机械基本部件的齿轮。1956 年，在西安附近的洪庆村西汉墓出土了一对人字纹齿轮，制作非常精致。试把两个齿轮套在一块，齿部咬合得非常紧密。尽管这些齿轮原来所在的机械是很原始的，但运用齿轮传力，实在是一个重大的发明创造。文献记载：长安巧匠丁谖能制造七轮扇，由一个人运转这种带有七个轮子的大扇，使满屋非常凉爽。[①] 这也是当时利用齿轮传力的一个证明。

前边说过，建筑业在汉代达到了一个新的水平。虽然现在西安地区已经看不到西汉时期完整的建筑物，但在遗址地区却可以看到许多作为建筑物重要构件的砖和瓦。汉砖有长方形、方形和空心的多种类型。砖的正面大都有装饰图案，如狩猎纹、几何纹等。少数砖上有朱雀、玄武、白虎、青龙"四神图"的浮雕。

———————————————

① 见《西京杂记》第一卷。

带瓦当的瓦是装在建筑物椽头上，专门用来保护木椽的。战国时期建筑房屋已开始使用瓦当，汉代更加盛行起来。西汉瓦当面上大都有突出的阳纹图案或者文字。这些篆书或者隶书的文字，刚劲有力，布局匀称，像是一枚放大了的古代印章。一个好的瓦当，就是一件好的艺术品。

瓦文的内容，有标记官署名称的，如"石渠千秋""都司空瓦""上林农官"；有称颂胜利的，如"汉并天下""大汉万世""乐哉破胡"；有表示吉祥的，如"长乐未央""安乐富贵""延年"；有陵墓专用的，如"长陵四神""冢上大当"等。很多瓦当标明了官署、宫殿或者陵墓的名称，是各类建筑物的专用品，因而往往可以从它出土的地点判断这些建筑物的所在地。

西汉"汉并天下"瓦当

农业和手工业的发达，给市场提供了充足的商品，造就了城市的繁荣，这一点以长安表现得最为突出。当时，长安城里有了九个集中的市场，西部六个，东部三个。每个市场都有围墙；市场中修建了高达五层的市楼，名叫旗亭，从这里可以看到各个街道上的情况。班固在《西都赋》中描绘当日长安商业贸易的盛况说：九个市场开业，琳琅满目的商品分类排列，热闹拥挤，人难得转身，车不能掉头。城里塞得满满的，旁边还有很多买卖。街道上烟尘四起，上接云天。由于有这么兴旺的市场交易，因而古代文献里记载，即便一些卖浆、贩脂、出售肉干和磨刀剪的小商贩，也都发财致富了。

至于谈到西汉时期学术文化的光辉成就，人们首先想到的，就是著名的历史学家司马迁在长安所做出的巨大贡献。如前所述，萧何跟随刘邦初进关中时，把秦丞相府的书籍收藏了起来。汉初的几位皇帝，也都非常重视收集和整理图书，惠帝时特别解除了秦代规定不准民间藏书的禁令。后来刘向等人把这些书籍加以整理，共得一万三千二百余卷。司马迁以这些书籍为参考，写成了五十多万字的不朽名著《史记》。《史记》是我国第一部完整的纪传体通史。它用本纪、表、书、世家、列传等几种不同的体例，反映了上起黄帝、下到汉武帝，长达数千年中的历史事件和人物活动过程。司马迁用词准确，语言生动，尤其善于用简练的笔墨，表现出性格不同、面貌各异的人物形象来，往往使读者如闻其声、如见其人。因而，《史记》又是一部杰出的文学作品。

西汉末年刘歆继承他父亲刘向的遗业，把汉皇家藏书加以校勘、分类、编目后写成定本。目录分为辑略、六艺略、诸子略、诗赋略、兵书略、术数略、方技略七个部分，统称《七略》。《七略》不仅是目录学、校勘学的先导，也是一部宝贵的中国古代文化史。可惜原书已经散佚，仅能从后人辑本中看到其中的部分内容。

汉初教育事业还不发达，武帝在长安设立太学，开始只有五十名学生。到武帝末年，学生增加到三千人，并且形成许多不同的流派。全国各地都选送青年到长安求学，推动了各地文化教育事业的发展。相传，蜀郡太守文翁送十几名学生赴长安求学后，就使蜀地的文化提高了一大步。①

————————————————

① 见《汉书·循吏传》。

　　当然，任何历史时代，只能是统治阶级的思想占统治地位。西汉国家政权和以后各朝代的国家政权一样，是代表地主阶级利益的政权，因而特别推崇能反映地主阶级要求的儒家学说。到汉武帝时期，"罢黜百家，独尊儒术"，"立五经博士"，设立太学，借利禄官爵鼓励人们钻研儒家经典。所以，当时学术界虽然有许多流派，但都不过是儒家的分支罢了。许多人在研究中烦琐考证，盲目崇拜，禁锢了人们的思想，甚至有"一经说至百余万言"的①，形成了很坏的学风。

　　由于封建社会本身包含着不可克服的各种矛盾，因而在经济和文化迅速发展的同时，国都长安城中，统治阶级内部也形成一股起破坏作用的势力，这就是一些身兼地主和商人的富豪与官僚贵族勾结起来，肆意妄为，造成混乱和灾难。例如《汉书·货殖传》中说：从汉元帝到王莽时期，长安城里的樊嘉、挚网、如氏、苴氏，以及卖丹药的王君房和卖豆豉的樊少翁、王孙大卿等人，都是能呼风唤雨的大富豪。王孙大卿能"以财养士，与雄杰交"，被王莽委任当了管理长安东市的令长。

　　这些人唯利是图，活动能力都很大，对于妨害他们牟取暴利的，哪怕是显宦贵官，也极力设法给以报复。宣帝时期，茂陵（位于今陕西省兴平市）富豪焦氏、贾氏，囤积了大量丧葬物资，准备在皇家贵族急用时索取高价。阳城侯、大司农田延年，奏请皇帝批准后，没收了这些物资。因而焦氏、贾氏等人怀恨在心，他们不惜花大钱寻求田延年的过错。田延年最终由于这些人告发他有贪污罪，而被迫自杀。②

① 《汉书·儒林传赞》。
② 见《汉书·田延年传》。

豪家富户又经常在朝官们的支持下欺压市民。长安一个叫禹章（字子夏）的人，住在城西柳市，号称"城西子夏"。他与中书令石显交结，因而门前车马不绝。历史记载说：城西的禹章、东市的贾万，及卖剪刀的张禁、卖酒的赵放和杜陵（位于今陕西省长安区）杨章等人，都是长安城中的"宿豪大猾"。他们无不"通邪结党，挟养奸宄……侵渔小民，为百姓豺狼"。而且，对这几个为非作歹的家伙，一连换了几任京兆尹也没有办法。[①] 这正说明他们是有大靠山的。

汉武帝时期，一些贵族子弟和街巷恶少，更借替人报仇，收受贿赂和抢劫财物。他们在袋中装上不同颜色的弹丸，规定：凡摸得红丸的，杀武吏；凡摸得黑丸的，杀文官；凡摸得白丸的，负责办同党有被别人杀死后的丧事。因而当时长安城中，经常出现"剽劫行者，死伤横道"[②] 的阴森凄惨的场面。

---

① 见《汉书·王尊传》。
② 《汉书·尹赏传》。

# 早期的"丝绸之路"

由于汉代初期手工业、农业的发展，到武帝时期，国家富足，国力强盛，已经有能力巩固国防，反击匈奴骚扰和开展与西方各地的贸易交通。而后来对匈奴战争的胜利和与西方各地的商业交往，更促进了长安的繁荣，使长安成为一座著名的具有国际性的城市。

匈奴是很早以前就活动在蒙古草原上的一个强大的游牧民族。秦末汉初，匈奴奴隶主贵族不断率兵进入黄河流域，破坏生产，抢掠财物。他们同时向西发展，将原来住在河西走廊的甘肃张掖、酒泉一带的月氏人赶走，并将包括今新疆维吾尔自治区在内的西域广大地区纳入它的势力范围，把当地人民作为奴隶，加以严格的控制。这就完全隔断了中国与西方各地的贸易交通。

汉武帝于公元前 138 年派成固（今陕西省城固县东）人张骞，带领一百多人出使西域，以便联合大月氏人共同夹击匈奴军。张骞出发后，在河西走廊被匈奴首领抓住并扣留了十年多时间，还被迫在那里娶妻生子。但张骞始终没有忘记自己的使命，终于乘机逃走。他一路风餐露宿，有时只得靠随行的堂邑父射杀野兽来充饥。到大月氏后，由于这个民族已经占领了阿姆河南岸一带，建立了一个以农业为主的国家，没有必要迁回原地。张骞在这里住了一年多，做了许多考察工作，直到公元前 126 年才带着大量有关中亚各地以及匈奴人的情况，返回长安。

公元前 121 年，汉武帝命令青年将领霍去病率兵西征。他在河西走廊南部的皋兰山（位于今甘肃省兰州市区南部）下，首战告捷。同一年的夏天，霍去病又率骑兵绕道居延（故城在今内蒙古额济纳旗东南），在祁连山下大败匈奴军，歼敌三万余人。匈奴浑邪王杀了与他有矛盾的休屠王，带领四万多人，向霍去病投降，河西走廊被彻底打通。

霍去病是河东平阳（今山西省临汾市西南）人。他十八岁时任剽姚校尉，前后六次率军出击匈奴军，都获得了很大的胜利，对维护国家民族统一和恢复西域交通做出了卓越的贡献，官至骠骑将军，封"冠军侯"。汉武帝曾在长安为他修了高大的府第，他却谢绝说："匈奴未灭，无以家为也。"[1]霍去病的确是我国古代一位很有作为的青年将领。公元前 117 年，霍去病在仅仅二十四岁时不幸病逝。为了纪念他在河西走廊的战功，汉武帝特别命令把他的坟墓修成祁连山的形状，并在送葬时"发属国玄甲军陈自长安至茂陵"[2]。

这是汉王朝给予已故将领的最高荣誉。

公元前 119 年，在霍去病击溃了河西走廊的匈奴军之后，张骞又一次出使西域。这一回张骞住在乌孙（天山北伊犁河流域），而派他的副使前往大夏（中亚古

茂陵霍去病墓前的跃马石刻

---

① 《史记·卫将军骠骑列传》。

② 《史记·卫将军骠骑列传》。

敦煌莫高窟壁画
《张骞出使西域图》

国名，在今阿富汗东北部地区）、安息（西亚古国名，地处伊朗高原东北部）、身毒（今印度）等许多国家和地区。这些国家为了与中国友好往来，也都派代表与张骞或者他的副使一同访问了长安。

张骞两次出使西域，以惊人的毅力和勇气，克服艰难险阻，促进了中国人民与西域各地人民的友好交往，考察了这条通道，也就是后来著名的"丝绸之路"上的各种情况，大大丰富了我国人民的地理知识。《史记·大宛列传》和《汉书·西域传》中，关于西域各地的叙述，主要就是根据张骞的报告写成的。

由于张骞是我国历史上第一个由政府派遣、冒着很大危险出使西域的使者，所以史书上把张骞的事业称为"凿空"[①]。张骞以后，长安形成了出使西方各国的热潮，许多青年都争相前往。汉王朝每年都要派出这样的使团，多则十余次，少时也有五六次。每次使团人数少则十余人，多则一百余人，因而"使者相望于道"[②]。这些后来的使者，只要称颂张骞的功绩，就

① 《史记·大宛列传》。
② 《汉书·张骞传》。

可以得到各国的信任。相传，西域的葡萄、胡桃（核桃）、石榴、胡豆（蚕豆）、胡瓜、苜蓿等植物种子，是张骞和他以后的使臣带回中国内地的。西方各国的使者和商人，还带来了骏马、香料、宝石、火浣布（石棉布）和许多珍禽异兽，以至"蒲梢、龙文、鱼目、汗血（四种骏马名）之马，充于黄门；钜象、狮子、猛犬、大雀之群，食于外囿。殊方异物，四面而至"[1]。我国的丝绸、漆器、竹器、钢铁、黄金、白银，以及铸铁技术和先进的农耕经验，也大量传往西方。这种交往极大地增进了各地人民的友谊，开阔了人们的眼界，丰富了人们的知识和生活，促进了长安的繁荣，因而是应该加以肯定的。由于在我国的输出物中，丝绸的数量最大，也最为西方人所珍视，因而后来欧洲人便把当时这条以长安为起点的中西交通的大道，称为"丝绸之路"。

汉代为巩固国防和保护中西商业交通的安全，曾付出巨大的努力。当时除了采取增修长城，修筑玉门关和阳关，设置西域都护府（治乌垒城，在今新疆轮台东小野云沟附近）等措施以外，特别在长安以西的甘泉山上建了一个军事指挥部。

位于淳化县的甘泉山，在秦代就是一个战略重地。秦始皇在这里修了林光宫（又名甘泉宫），从山下修了一条向北直通阴山下（今内蒙古自治区包头市附近）的"直道"。秦咸阳可以通过这条捷径，用最快的速度支援与匈奴军作战的秦国部队。

西汉时期，仍然对这里非常重视。公元前 177 年，匈奴军骚扰河套以南一带，汉文帝命令丞相灌婴率骑兵出击，并亲自到甘泉宫指挥作战。汉军胜利后，汉文帝前往高奴（治今陕西省延安市东北延河北岸），走的就是"直道"。《汉书·匈奴

---

[1] 《汉书·西域传》。

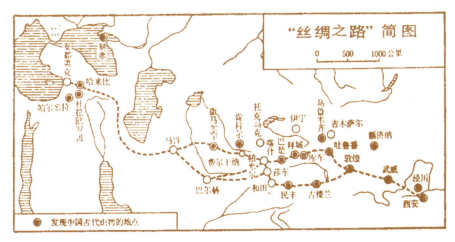

"丝绸之路"简图

传》记载：文帝末年，"胡骑入代句注（今山西省代县西北的
句注山，与雁门山相接，亦有雁门之称。长城从这里经过，设
雁门关），边烽火通于甘泉、长安数月"。这说明当时的战争
情报（烽火），照例要传到经常作为前线总指挥部的甘泉宫。
汉武帝也经常在甘泉宫发布命令和接见复命的将领。李白《塞
下曲》第六首云：

> 烽火动沙漠，连照甘泉云。
> 汉皇按剑起，还召李将军。
> 兵气天上合，鼓声陇底闻。
> 横行负勇气，一战净妖氛。

这首诗就部分地反映了这一情况。李将军是指李广，也是
当时抗击匈奴军的名将，被称为"飞将军"。可知甘泉宫一方
面是皇帝避暑的离宫，但更重要的是一个军事指挥部。

前边说过的霍去病墓，位于今陕西省兴平市南位镇汉武帝
茂陵的东北。墓前有马踏匈奴、石人、人抱熊、卧马、跃马、
伏虎、卧牛、卧象、怪兽吃羊、野猪、石鱼等十多件大型石雕。

这些石雕刀法简洁有力，风格浑厚古朴，造型生动。以马踏匈奴为例，石马昂首挺立，泰然自若，马腹下一个人仰面而卧，正在那里挣扎，是战败者的形象。这应当是对霍去病驰骋疆场所取得显赫战功的艺术概括。工匠对一些家畜的表现手法也特别圆润细腻，如卧牛不仅外貌形体相像，而且明显地表现出了它温顺驯良又很有力的特点。另有一些雕刻，如石鱼等，基本上是利用原石块的形状，兼用圆雕和线刻的手法，表现动物的形象。

这批大型石雕是现在所知我国最早的石刻艺术品，充分表现出西汉工匠们的非凡智慧和精湛技巧。

# 绿林、赤眉大军进长安

农民和手工业劳动者，用他们的血汗浇灌出了长安的繁荣和文明。而享用这些社会财富的，却主要是皇家贵族和全国大大小小的官僚与地主。到了西汉末期，由于封建统治者的贪得无厌，大量农民成为一无所有的佃农和雇农。《汉书·食货志》说：农民们为了缴纳贡赋和给国家服劳役，春天不能避风尘，夏天不能避暑热，秋天冒着阴雨，冬天迎着风寒，一年四季没有休息的日子。而且在水旱灾害和赋税的重担下，很多人都不得不出卖田地房屋，甚至被迫出卖儿孙去偿还债务。真是"富者田连阡陌，贫者无立锥之地"。

到汉元帝时期，老百姓大量饿死，出现了人吃人的惨状。死去的人也无人掩埋，任凭猪狗啃尸。而另一方面，皇家的马却因为吃得太多、太好，而"苦其太肥，气盛怒"，必须天天牵出去遛跑，以使这些马不至于过分肥胖和脾性暴躁。[1]农民再也活不下去了，不得不纷纷起来造反。即便是在西汉全盛的武帝时期，也曾爆发过南阳梅免为首的农民起义。后来起义的次数愈来愈多，规模也愈来愈大。到汉成帝时期，在统治者眼皮子底下的终南山中，也出现了以俑宗为首的农民军。他们"阻山横行"，"杀奉法吏，道路不通"，吓得皇家贵族胆战心惊，急忙命令严密警戒长安的各城门。[2]

① 见《汉书·贡禹传》。
② 见《汉书·王尊传》。

王莽天凤四年（公元17年），以新市（今湖北省京山市东北）人王匡、王凤为首的大规模的农民起义爆发。他们以绿林山（今京山市北的大洪山）为根据地，号称绿林军，不到几个月就发展到七八千人。第二年，又爆发了以琅玡（今山东省诸城市）人樊崇为首的农民起义。他们以泰山为根据地，为了便于在战斗中区分敌我，都把眉毛染成了红颜色，因而号称"赤眉军"。

农民起义军迅速壮大，所向披靡；由长安派去镇压起义军的反动武装，很快被消灭。长安未央宫里的王莽，翻遍了《孙子兵法》也找不到对付农民军的办法，后来竟愚蠢到带领百官到南郊去对天大哭。哭完后，派了几员"虎将"死守长安。长安城的城墙是又高又厚的，城河也是又宽又深的，在皇家贵族眼中，长安城是真正的"金城汤池"。但公元23年秋天，绿林军的铁拳还是砸开了长安城的宣平门。

绿林军进入皇宫后，到处找不到王莽。直到第三天，才在未央宫西部的沧池中一座名叫渐台的高台上，发现王莽穿着龙袍，蜷缩在一间房子的角落里。长安人杜吴，抢先一刀砍杀了王莽。

绿林军拥立的更始皇帝刘玄，出身于没落贵族家庭。刘玄开始还假装拥护起义军，但一当上皇帝，就露出了贵族的凶相。他一面终日饮酒作乐，不理朝政；一面疏远赤眉军，而对大地主刘秀却特别重视。公元25年六月，绿林军将领王匡、陈牧、成丹、申屠建等劝刘玄离开长安，不要与正在向长安进发的三十万赤眉军对抗。刘玄根本不听，不久就杀害了陈牧、成丹、申屠建等人。王匡因为中途得到消息，立即带领部分绿林军冲出长安，投奔了赤眉军的首领樊崇。

同年九月，赤眉军推翻了刘玄的政权，进入长安。

　　赤眉军同绿林军一样，是一支非常淳朴而受人欢迎的军队。他们初起义时，仅仅提出了"杀人者死，伤人者偿伤"的口号。行军中连文书、旗帜、号令和将领称号都没有，全靠口头命令和彼此的信任互相约束。广大农民对赤眉军非常拥护，也非常信赖。他们所拥立的皇帝刘盆子，乃是一个放牛娃。早在王莽派更始将军廉丹和太师景尚等去镇压赤眉军时，民间就流传着"宁逢赤眉，不逢太师。太师尚可，更始杀我"的民谣。赤眉军杀了景尚和廉丹，为人民除了大害。

　　赤眉军的一个主要弱点，就是其领导人缺乏组织能力。史书记载：刘盆子住在长乐宫，将领们每天来这里聚会争功，吵闹不休，用宝剑砍柱子，意见不能统一。各地派人送给朝廷的物资，经常被士兵抢去，以致刘盆子连皇帝都不想干了。[①]这样的政权，是不可能维持长久的。赤眉军最终被以刘秀为代表的大地主阶级势力所吞没。

　　当然，就是赤眉军胜利了，也不可能真正建立代表农民利益的政权。因为在当时的历史条件下，农民军不可避免地"总是在革命中和革命后被地主和贵族利用了去，当作他们改朝换代的工具"[②]。绿林、赤眉军的失败是历史的悲剧，以刘秀为代表的大地主阶级，就是在农民起义军的血泊中，建立起东汉王朝的。

① 见《后汉书·刘盆子传》。
② 《中国革命和中国共产党》，《毛泽东选集》，人民出版社1951年版，第588页。

# 战乱和割据之中的长安

东汉的刘秀建都洛阳后,杜笃等人曾建议迁都长安[1]。直到汉章帝时期,关中一些老人还希望迁都长安。班固曾针对上述看法,在《两都赋》中批评这些人只熟悉长安有高耸云天的宫殿,却不知道洛阳已经设置了一套王宫。这些议论说明,当时长安还存在一些宫室建筑,不然是不会屡次出现迁都的建议的。虽然首都没有西迁,但在整个东汉时期,长安的最高长官仍然像京城一样,被称为京兆尹。汉朝廷还曾几次派人整修长安的宫殿建筑。长安城被彻底破坏,是东汉末年军阀混战造成的。

东汉末年,汉灵帝死后,皇子刘辩即位,称为汉少帝,大权都掌握在何太后手中。太后的哥哥何进,想召凉州(今甘肃省秦安县东北)大军阀董卓去攻杀宦官,以扩大自己的势力。结果消息走漏,宦官先下手,杀了何进。董卓闻讯赶到洛阳,废除仅仅上台五个月的汉少帝,杀死何太后,另把刘协扶上皇帝宝座,这就是汉献帝。由于董卓独揽中央政权,极力排斥官僚贵族和我国东部各地的军阀,因而引起了强烈的反对。在这种压力下,董卓被迫带着汉献帝迁都长安。临走时,他将洛阳的宫殿、民房全部烧光,并且驱赶数百万人一同西迁。后来,董卓部下李傕等又率兵出函谷关抢掠。汉末的蔡琰亲身经历了

---

[1] 见《后汉书·杜笃传》。

这场灾难。她在《悲愤诗》中详细叙述了董卓部队的残暴和人民的不幸。蔡琰以及和她同行的人，"旦则号泣行，夜则悲吟坐"，经常挨打受骂，受尽了困苦和凌辱。因而诗人不能不万分悲愤地感叹："欲死不可得，欲生无一可。"可以想见这疲惫不堪的滚滚人流中，有多少人死在了崎岖的道路上。

到长安后，统治阶级内部的矛盾斗争一天比一天激烈。192 年，司徒王允指使吕布刺杀了董卓，董卓的部将李傕、郭汜、樊稠联合起来杀了王允等人。随后，李、郭各部又为争权夺利而打起来。他们的部下，四处抢劫，焚烧房屋，使长安百姓遭到空前的浩劫，不少人死于战火和饥饿之中。文献记载，当时稍有力气的人，都逃往外地，出现了人吃人的现象，以致"二三年间，关中无复人迹"①。诗人王粲在《七哀诗三首·其一》中，真实地描绘出了当时凄惨的景象：

> 西京乱无象，豺虎方遘患。
>
> 复弃中国去，委身适荆蛮。
>
> 亲戚对我悲，朋友相追攀。
>
> 出门无所见，白骨蔽平原。
>
> 路有饥妇人，抱子弃草间。
>
> 顾闻号泣声，挥涕独不还。
>
> 未知身死处，何能两相完！
>
> 驱马弃之去，不忍听此言。
>
> 南登霸陵岸，回首望长安。
>
> 悟彼下泉人，喟然伤心肝。

又过了九十多年，到 292 年，晋惠帝时期，长安令潘岳眼

---

① 《通鉴纪事本末》第八卷。

中的长安，依然是一片荒凉景象：街上萧条无人，宫殿、官署、店铺、库房等建筑物还不到从前的百分之一，都缩聚在偏僻的角落里。所谓尚冠、修成、黄棘、宣明、建阳、昌阴、北焕、南平等汉代长安的街道，都被破坏，名存实亡。他登上长乐、未央、建章各个宫殿的台阶，泛舟于太液池上，在柏梁台和桂宫中徘徊。这些地方全都破败不堪，野鸡在池台上飞鸣，宫殿旁边是狐狸、兔子的洞穴，令人无限感慨！①

311 年，军阀刘曜攻破洛阳，晋怀帝司马炽当了俘虏。313 年，司马邺即位于长安，这就是晋愍帝。316 年，刘曜包围长安，司马邺投降。经过这次动乱，长安人又死散大半，剩下的还不到一百户；城里到处是残垣断壁，遍地蒿草，公家和私人加起来才只有四辆马车②，连一个村镇的规模都不如了。

后来在长安建都的还有前赵、前秦、后秦、西魏、北周等五个王朝。这些忽起忽灭如走马灯一般的小朝廷，最长的才三十多年，因而说不上有什么建树。唯一值得一提的，是 340 年后赵的石虎曾派人修长安城。后来，他又派石苞代他镇守长安，并征发十六万民工整修了一次未央宫。新中国成立后，在汉长安城北城墙基下，发现一条砖砌水道遗迹，砖上刻有"石安孙典""石安郭平"等字样。后赵时曾一度将咸阳改为石安县，这些砖应该是石安的工匠烧制的。可见石虎的确曾经派人修过汉长安城。遗留到今天的汉长安城故址的某些部分，也可能是这时重建的。

前秦时期，苻坚采用谋臣王猛的建议，迁移函谷关以东的

---

① 见［西晋］潘岳：《西征赋》。
② 见《晋书·愍帝纪》。

旧士族和各族人民近二十万人到关中，长安人口逐渐增多，街市也逐渐繁荣起来。

318年，苻坚违背王猛遗言，征调八十余万士卒进攻东晋，结果淝水一战，被谢安、谢玄指挥下的晋军打得大败。从此前秦衰落下去。

418年，建都于统万城（今陕西省靖边县）的夏的首领赫连勃勃，曾一度占领长安，以长安为南台，命令他的儿子赫连璝在这里镇守。今西安碑林博物馆里有一匹巨大的石雕马，马上刻着"大夏真兴六年"等隶字铭文，就是这一时期的作品。这匹石马原来立在汉长安城遗址范围里的查家寨子附近，1953年搬进博物馆。"真兴"是赫连勃勃的年号，真兴六年即424年。

石雕马（现藏于西安碑林博物馆）

从前赵建都于长安到北周灭亡的这二百多年间，虽然中国很不统一，长安也经常不是国家的首都，但它与西方各国的友好交往，却一直没有间断。除了商业上的往来，在文化上，以佛教的传播最为突出。形成这种情况的原因，主要是长期军阀混战，人们生活非常困难，精神上极其苦闷。特别是封建统治者，为了维持他们的反动统治，宽解他们自己处在朝不保夕环境中的疑虑心情，大肆宣扬宗教迷信。在这种条件下，汉代开始传入的佛教，这时更加盛行起来。

当时的长安是全国佛学的中心。最著名的传教者，如天竺（今印度）人鸠摩罗什，于401年来到长安。他住在位于汉长安城东的逍遥园中，与后秦的统治者姚兴共同翻译佛经。因为他通晓梵、汉两种语言文字，所以能校勘旧经，"续出诸经并诸论三百余卷"[1]。这是我国历史上第一次大量翻译外国著作。鸠摩罗什等人的翻译，改变了过去那种亦步亦趋的生硬译法，文字通俗流畅，内容详尽清楚，因而使佛教在我国大为流行。马克思说过："宗教里的苦难既是现实的苦难的表现，又是对这种现实的苦难的抗议。宗教是被压迫生灵的叹息，是无情世界的感情，正像它是没有精神活力的制度的精神一样。宗教是人民的鸦片。"[2]无论怎么说，佛教也只能麻醉人民的精神，消损人民的斗志，是应该加以批判的。当然，我们还应该看到，伴随宗教而来的，也有各国人民之间友好往来和文化交流的一面。

这一时期，中国僧人也相继长途跋涉，前往西方各国。如平阳（郡治今山西临汾

法显画像

---

① 《晋书·姚兴传》。

② 马克思：《〈黑格尔法哲学批判〉导言》，《马克思恩格斯选集》第一卷，人民出版社1972年版，第2页。

西南）人法显和尚，于 399 年以六十五岁的高龄，从后秦的都城长安出发，经过河西走廊，渡过今新疆的沙漠，向西翻越葱岭，走遍了五天竺，并且到了师子国（今斯里兰卡）等地。后来，他乘船从海上经过苏门答腊、爪哇岛，穿过南中国海，在山东半岛登陆回国。法显这次出游，前后共用了十四年时间，到访三十多个国家。他所写的《佛国记》一书，用精练优美的文笔，生动地记录了南亚、西亚、东南亚各地的自然风貌和社会情况，为我们研究当时这些地区的地理、物产、风土人情，以及中国与西方各国的海路、陆路交通情况，提供了极其珍贵的资料。

第四章

历史
名都

十　在李渊称帝后的近三百年间，长安不仅成
了唐王朝的首都，是中国政治、经济、文
化的中心，而且也是当时国际上的贸易和
文化中心之一。

# 历史名都唐长安城的出现

　　隋末以翟让为首的瓦岗（今河南省滑县南）农民起义军，和窦建德、杜伏威等人领导的起义军一道，推翻了隋炀帝的统治。当眼看最后胜利就要到来的时候，很多官僚地主也乘机起兵反隋，争夺农民军用鲜血换来的果实。其中，最著名的一个，就是太原留守李渊。

　　李渊是在他的次子李世民的百般劝说和具体策划下，才于617年打出了反隋旗号的。李渊、李世民乘隋军主力与农民军正在各地酣战、隋炀帝远在扬州游乐、后方空虚的机会，挥军横渡黄河，联络以孙华等为首的关中农民军，一举攻下长安。

　　第二年春天，隋炀帝在扬州被他的亲信宇文化及绞死，李渊称帝，建立了唐朝。从此以后的将近三百年间，长安不仅成了唐王朝的首都，是中国政治、经济、文化的中心，而且也是当时国际上的贸易和文化中心之一。

　　宏伟壮丽的唐长安城，是在隋大兴城的基础上发展起来的，因而这里需要首先介绍一下修建大兴城的大概情况。

　　隋朝初年，仍然将汉长安城作为都城。由于七百多年来屡经战乱，汉长安城宫室建筑已非常残破，而且井水变得苦咸不堪，所以在全国即将统一的形势下，隋王朝便决定在旧城东南的龙首原旁修建新城。龙首原南侧地势开阔，物产丰富，特别是距离渭河比较远，不受渭河向南摆动的威胁，自然环境的确比汉长安城优越。

隋朝的开国皇帝隋文帝，是一个迷信风水而又猜忌多疑的人。他取得北周政权后，不但把北周皇帝的宗族宇文氏诛杀净尽，对北周宫室的存在也觉得不能放心，因而于583年迁都新城以后，便把原来汉长安城中的北周宫室"并灌为陂"①。这种愚蠢而又粗暴的办法，古代叫作"潴宫"。《礼记·檀弓》说，对犯"大逆"罪的人，要处以死刑，并且要捣毁他的宫室，再灌上水。隋文帝如法炮制后，才算解除了他的"忧患"。这应该是隋文帝主张迁都的主观原因之一。

隋初修筑新都城的主要设计者，是太子左庶子宇文恺。宇文恺是中国历史上著名的建筑学家，《隋书·宇文恺传》称赞他"多技艺""有巧思"。当时，他主持修成了宫城、皇城和外郭城，并且开凿了龙首渠、永安渠和清明渠，把浐河、交河、潏河的水引入城中。由于隋文帝在北周时曾被封为大兴郡公，因而把新都城叫作大兴城，城内宫殿名大兴宫，宫内前殿名大兴殿。

除长安城外，隋代的大建筑如仁寿宫（唐代改名九成宫）、东都洛阳等，也是宇文恺设计监修的。这些建筑物一直为人们所珍视。相传，武则天的女儿太平公主结婚时，在宇文恺早先设计建造的万年县县衙里摆设酒宴，她嫌大门狭窄，不便于高车大马出入，准备拆毁。唐高宗李治知道后，制止说："宇文恺所造，制作多奇，不须毁拆也。"

唐初，由于封建统治者忙着与农民起义军及隋朝余部王世充打仗，突厥军又不断南下骚扰，甚至打到了渭河边上，唐高祖李渊被吓得几次主张迁都逃避，因而还顾及不到修筑都城和皇宫。

---

① ［宋］宋敏求：《长安志》卷十二。

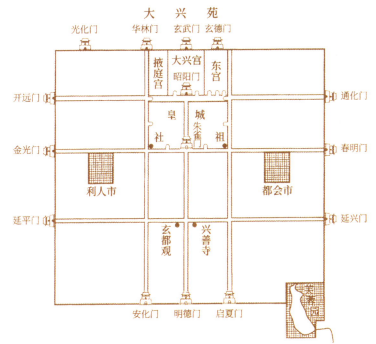

隋大兴城形态结构示意图

　　唐高宗永徽三年（652 年），第一次对这座城池进行了大规模的整修。文献记载，当时由工部尚书阎立德负责修筑京城长安的外郭城；在九座城门上修起了高大的门楼，其中南墙正中的明德门最为特殊，在那里修了五个门楼。[①]

　　阎立德，万年（今陕西省长安区）人，是当时著名的建筑大师。历史文献说，阎立德与弟弟阎立本很早就继承了家传的巧艺，唐代早期许多重要建筑，如终南山的翠微宫、铜川市的玉华宫、礼泉县的昭陵等，都是他设计修建的。

　　唐代长安的城门，南面三座，从东向西分别称启夏门、明德门、安化门；东面三座，从北向南分别称通化门、春明门、

———————

① 见《册府元龟》卷十四。

延兴门；西面三座，从北向南分别称开远门、金光门、延平门。北面城墙，是皇家苑囿的南墙，中部又是宫城的北墙，本来没有设置城门的余地，但后来也在宫城西边的城墙上从西向东，开了光化、景曜、芳林三门，以凑足全城四墙十二座城门。[①]

位于长安城北的皇家苑囿东西宽二十七里，南北长三十里，东到灞河，向西包括了汉长安城，南接京城北墙，北枕渭河。苑内有离宫台观二十四所，种满了花木果树，豢养着许多禽兽，供皇帝游猎玩乐。

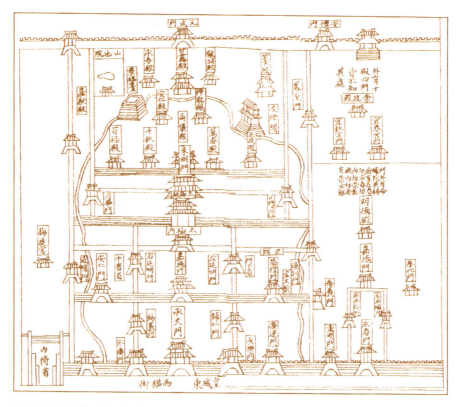

唐宫城图（《长安图志》）

———————————

[①] ［宋］宋敏求：《长安志》卷八。

新中国成立后，经过实际调查，围绕唐代长安城走一圈，大约有三十五公里的路程。它的大小，是今天西安旧城区的七倍左右。这是当时全国最大的城市，也是当时世界上非常宏伟的城市之一。位于今天西安城南杨家村的唐长安明德门遗址向我们表明，它确实有五个洞，门洞结构形式与汉代一样，不是用砖券成，而是在城墙缺口两边密密地栽两行木柱，然后在上边横架木椽，建筑门楼。中间门洞专供皇帝通行，因而修得特别讲究：门洞的石门槛上雕刻着蔓草及动物花纹，而且毫无磨损的痕迹，证明是很少使用的。五个门洞中，只有东、西两个靠边的门中有清清楚楚的车辙痕迹，当时的车辆行驶应该与汉代相同，是出右入左、各走一边的。

# 三大宫殿群

　　唐代长安以承天门大街为中轴线，分为东、西均等的两个部分，东部归万年县管辖，西部归长安县管辖。隋朝修建的大兴宫，唐代改名为太极宫，北靠龙首原，坐落在这条中轴线的最北部，显然带有皇帝"至高无上，南面称王"的意思。这可以说是宇文恺当年设计长安总体布局的中心思想。

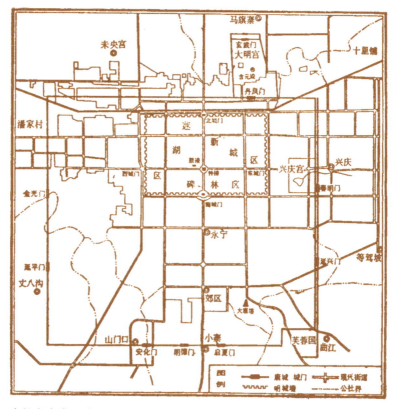

唐长安城城垣范围示意图

宫城东西五里多，南北约三里，它的中部是太极宫宫殿的所在地，那里有很多专供皇帝居住、处理朝政和游乐的殿台楼阁和山池花园。宫城的东部为东宫，这是皇太子居住办公的地方；西部为掖廷宫，是犯罪官僚家的妇女被没入宫廷后劳动和学习技艺的地方。东宫、掖廷宫与太极宫之间，都有高墙隔开。太极宫北墙，也就是长安外郭城北墙的一小段，在今西安火车站以西的铁路职业技术学院里，可看到它的遗迹。东西长约一里的宫城南墙遗基的一段，在今西安市莲湖路西段的南侧，人们把它叫作"西五台"。

太极宫南面的正门叫承天门（遗址位置约在今西安市莲湖公园内），门外与皇城之间有一条宽三百多步的东西大街。承天门是举行"外朝"的地方，每逢国家大典，如更改年号，大赦罪犯，元旦、冬至，以及阅兵、受俘等，皇帝都要登上承天门，举行大会。太极宫的前殿名叫太极殿，是举行"中朝"的地方，皇帝日常在这里接见群臣，处理朝政。在太极殿围墙外东、西两侧，分别设有门下省、弘文馆、史馆、中书省、舍人院等供皇帝近臣、顾问办公的机构。太极殿北边的两仪殿，是举行"内朝"的地方，只有少数权臣能在这里与皇帝商讨国家大事。内朝可以不讲究朝廷礼仪，举止比较随便。太极宫的北门名叫玄武门，驻扎着保护皇家的重兵，是当时皇宫中一个至为重要的地方。李世民和他哥哥李建成争夺皇位的斗争，就发生在这里。事情的梗概是这样的。

前边说过，李渊决定起兵反隋，主要是靠李世民的具体策划。在整个反隋战争中，李世民南北驰骋，对取得胜利起了关键性的作用。当时一些优秀人才，武将如程咬金、尉迟敬德、秦叔宝，文臣如房玄龄、杜如晦、孔颖达、陆德明、姚思廉、虞世南等，也大都集中在他的幕下。虽然李世民有许多优越条件，但按照封建社会的继承制度，只能由长子李建成当皇太子，而他仅被封为秦王。

李建成既不能在武功上与李世民相比，又是一个酒色之徒，仅依靠大官僚地主势力的支持和身为长子的地位，取得了继承皇位的权利，但他一直害怕秦王李世民取代自己，便串通四弟——齐王李元吉，共同阴谋杀害李世民。如一次他请秦王饮宴，却事先在酒中下了毒药，以致李世民酒后大量吐血，几乎送了性命。

626 年，随着国家的统一，唐王朝内部的斗争也达到了高潮。恰巧这年夏天突厥军南下骚扰，李建成推荐由李元吉代替李世民率兵出征，目的是要李元吉掌握兵权。同时他们商定，当大家在城西昆明池给李元吉饯行时，乘机将秦王李世民杀死于军幕之中。得知这一消息的尉迟敬德和长孙无忌等人，极力劝李世民先下手除掉李建成。李世民便于六月四日，带领尉迟敬德等少数将士，预先埋伏在玄武门中。太子李建成不知玄武门守将常何（原为太子的心腹）已被李世民暗中收买，因而丝毫不加提防。当他与李元吉等人大摇大摆地经过玄武门去朝见李渊时，李世民首先用箭射死李建成，尉迟敬德又射杀了李元吉。东宫和齐王府的卫兵闻讯赶来后，在玄武门前展开了激战。迫于当前的形势，李渊不得不命令"诸军并受秦王处分"，并于三天后立秦王为太子。同年八月初，李渊被迫让位，自称太上皇；李世民即皇帝位，改年号为"贞观"，这就是中国历史上著名的唐太宗。

唐太宗是中国封建社会中一位杰出的军事家和政治家。他看到隋末如滚滚洪流般的农民大起义，认识到隋炀帝正是由于嗜欲无穷和横征暴敛才招致了亡国杀身之祸。所以，他很同意魏徵把君主比作船、把人民比作水，认为水能载舟，也能覆舟，所以说"为君之道，必须先存百姓"①。也就是说，只有给人民最低限度的生活出路，才能保住自己的皇帝宝座。因此，他从维护封建统治阶级的根本利益出发，"偃武修文"，采取了一些与前代相比略有节制的剥削统治办法和有利于发展生产的措施。其中最主要的，首先是比较认真地推行了唐高祖时已经公布的"均田制"和"租庸调"法。"均田制"规定，凡年满十八岁的男子，每人分田一百亩，里边的八十亩为

唐太宗李世民画像

"口分田"，死后归还给国家；二十亩为"永业田"，永远归私人占有。"租庸调"法，则定出了具体的税收额和服劳役的办法。唐太宗还把人口稠密地区的农民，迁移到人口较少的地区去，使他们能按规定的数字分到土地。这些政策当然不可能全部贯彻执行，但大体有了一个共同遵循的准则。特别是在开始阶段，基本上满足了农民对土地的要求，对发展农业生产和安定人民生活，都是有好处的。因此在贞观初期，全国就获得了大丰收，流落在外的人都返回了自己的家乡。其次是比较认真地推行了前朝制定的"府兵制"。这一制度规定，各地征集的士兵，平时在家生产，每年农闲时集中训练；服现役的，由各府自备钱粮和武器，轮流驻守边防或京城要地。这种打仗时

---

① 《贞观政要》第一卷。

集中、平时分散，寓兵于农的办法，大大减轻了人民的负担，促进了农业生产的发展。

唐太宗又是一个能够倾听不同意见的人。他按照魏徵的办法，注意"兼听"而避免"偏信"，使他得到了许多肯为唐王朝出主意、献力气的能臣、猛将，从而促使当时的各项事业都得到比较快的恢复和发展。历史上把这一时期取得的政绩称为"贞观之治"。

奠定唐王朝统治基础的"贞观之治"的各项措施，就是在长安太极宫确定和推行的。唐朝初期的知名宰相，如房玄龄、杜如晦，知名将领，如李勣、尉迟敬德、程咬金；知名谏臣，如魏徵；等等，都曾在太极宫活动过。643年，唐太宗命令著名画家阎立本在太极殿凌烟阁上画出了包括上述六人在内的二十四名功臣的画像，作为纪念。现在陕西省麟游县文化馆，还保存有相传是宋代人游师雄摹刻的唐凌烟阁功臣画像的残石。

由于太极宫的位置在后来修建的大明宫西边，因而又称"西内"。

唐长安城的皇宫原来只有上边介绍的太极宫一处。634年，李世民在宫城东北方向皇家苑囿中的龙首原上另修了一座永安宫，让他父亲李渊夏天在那里消暑。第二年，永安宫改名为大明宫，也叫蓬莱宫。唐高宗李治又将大明宫加以扩建，并于663年由太极宫搬到大明宫去居住和处理朝政。从此之后，除唐玄宗李隆基外，其他皇帝都在这里居住、听政。

大明宫的南墙，就是京城北墙的一段。南边五座城门中，中门名丹凤门。丹凤门有五个门洞，它的作用与太极宫的承天门相似，凡改元、大赦等，皇帝都要登此城楼宣布。

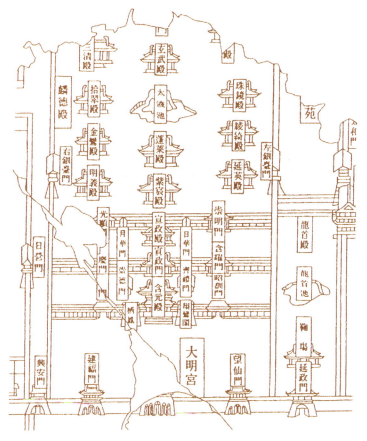

大明宫图（《唐两京城坊考》）

　　大明宫里的含元、宣政、紫宸三座宫殿，同在一条中轴线上，含元殿是大明宫的前殿，修在四丈多高的龙首原上。殿前东、西两侧是翔鸾、栖凤两座高大的楼阙；正中间铺着通向平地的坡道，距离丹凤门四百多步。含元殿作用与太极殿相似，但又是与丹凤门配合举行"外朝"的地方。所谓"九天阊阖开宫殿，万国衣冠拜冕旒"[①]，说的就是在这里大朝会的盛况。

　　含元殿遗址的位置在今天西安火车站北一公里左右的龙首原上。它的夯土台基至今高 3 米多，东西长近 76 米，南北宽

————————————

① ［唐］王维：《和贾舍人早朝大明宫之作》。

今西安大明宫国家遗址公园（丹凤门）

约42米。在台基两侧各有一条廊道遗迹，分别伸向东边的翔鸾和西边的栖凤二阙的夯土堆。站在高大的含元殿基址上，仍然可以体会到当日在这里居高临下、视野开阔的情景。

含元殿北边的宣政殿，是举行"中朝"的地方。宣政殿围墙外两侧设置史馆、弘文馆、门下省、中书省、御史台等近臣机要办公的官署。再向北的紫宸殿，则是举行"内朝"的地方。

有名的麟德殿建筑在大明宫北部太液池之西的高地上。这里东临太液池风景区，西近大明宫西墙的九仙门，便于大臣出入，也是皇帝召见贵族亲信、接见外国使臣和举行盛大宴会寻欢作乐的地方。703年，武则天曾在麟德殿接见并宴请日本执节大使粟田真人。

由于大明宫的位置在太极宫的东边，因而又称"东内"。

712年，唐玄宗李隆基即皇帝位。第二年，他把自己没有当皇帝之前在兴庆坊的旧居改建成了兴庆宫，在这里起居听政。从此，唐长安城有了三大宫殿群。

兴庆宫的建筑布局与太极宫、大明宫都很不相同。首先，它的正门——兴庆门朝西开，而不像太极宫、大明宫的正门都朝南开。里面也只有一座名叫兴庆殿的正殿，不像西内、东内有建筑在一条中轴线上的举行外朝、中朝和内朝的几个不同宫殿。其次，兴庆宫的建筑，如兴庆殿、大同殿、南熏殿等，都是楼房；而勤政务本楼、花萼相辉楼，则是楼式建筑。可见，兴庆宫的宫殿比西内、东内更加壮丽。勤政务本、花萼相辉二楼与太极宫、大明宫的南正门城楼一样，是皇帝宣布大赦、改元等重大事件的地方，但这两座楼房却作拐尺形，建筑在兴庆宫的西南角上。兴庆宫的南边紧靠春明门大街，楼上题着"勤政务本之楼"六个字，表示皇帝"勤于政治，关心民瘼"。西边隔街是胜业、安兴二坊，唐玄宗的几个兄弟住在这两个坊里，因而楼上题着"花萼相辉之楼"六个字，以炫耀他们兄弟间的"亲情"，就像花瓣和花萼一般亲密。另外，兴庆宫内还种了很多牡丹花。牡丹花原来是野生植物，可能是在唐代初期由单层培育成为多层，才被称誉为"国色天香"的。唐玄宗后期穷奢极欲，荒废朝政，沉溺于声色犬马之中。相传，743年春季的一天，他带着杨贵妃在兴庆宫的沉香亭观赏牡丹，著名歌唱家李龟年刚要演唱，唐玄宗说："赏名花，对妃子，焉用旧乐词为？"便命李白写新歌词。李白当即写了《清平调》词三首[1]，其中一首是这样说的：

> 一枝红艳露凝香，云雨巫山枉断肠。
> 借问汉宫谁得似？可怜飞燕倚新妆。

诗歌形容杨贵妃恰如一朵凝结着露水的红色牡丹。古代的

---

[1] 见[唐]李濬：《松窗杂录》。

楚怀王只不过枉然思念虚幻中的巫山神女罢了，岂能与唐玄宗相比？杨贵妃又像是新装扮之后的赵飞燕一样，凭栏而立。全篇完全是赞颂的词语。但由于李白初到长安，被玄宗召见时，曾让宦官头子高力士为他脱靴子，高力士深以此事为恨，所以当李白写了这首诗后，便对杨贵妃说："以飞燕指妃子，是贱之甚矣！"赵飞燕是汉成帝刘骜宠幸的皇后，封建统治者说由于她的日夜蛊惑，致使成帝没有儿子，突然死去。因此，杨贵妃听了高力士的挑拨后，便一直阻挠唐玄宗授给李白官职。

726 年和 732 年，唐玄宗又顺着东城墙，修了一个向北通往大明宫、向南通往曲江池，专供皇家在里边行走的夹城。所谓"人主往来两宫，人莫知之"①，"六飞南幸芙蓉苑，十里飘香入夹城"②，都反映了兴庆宫与夹城的关系和皇帝在其中往来的情况。

兴庆宫内越来越富丽豪华，正是唐玄宗后期日益昏聩的一个表现。封建统治者的腐败，终于给国家和人民带来了巨大的灾难。755 年冬天，范阳（治蓟县，即今北京城西南）军阀安禄山叛乱。第二年，唐玄宗逃往四川。758 年春，他返回长安城后仍然住在兴庆宫，但不久就在他儿子唐肃宗李亨的强迫下，搬到太极宫的甘露殿去住，一直到他死去。从此，兴庆宫也成为一个清闲处所，除了几位太后外，皇帝很少去那里居住。

由于兴庆宫的位置在大明宫的南边，因而又称"南内"。

唐代兴庆宫中的兴庆池是一个面积很大的人工湖。"东沼初阳疑吐出，南山晓翠若浮来。"③"向浦回舟萍已绿，分林

---

① 《旧唐书·地理志》。

② ［唐］杜牧：《长安杂题长句六首·其五》。

③ ［唐］张说：《侍宴隆庆池应制》。

**今兴庆宫公园**（杨理涛供图）

蔽殿槿初红。"① 这些唐人诗句，都反映了湖水一带明媚如画的景色。直到宋代，这里还是一汪碧波，因而宋人苏舜钦在《兴庆池》一诗中，仍然有"助晓远昏山，浮秋明刮眼。鱼归别浦闲，雁下沧波晚"的描写。

新中国成立后，有关部门将兴庆宫遗址区开辟为兴庆宫公园，在这里建成许多古典式的亭台楼阁，建筑物很多仍沿用唐代旧名。园中还挖出了一个面积很大的人工湖，供游客观赏、游览。

---

① ［唐］沈佺期：《兴庆池侍宴应制》。

# 棋盘式的街坊布局

唐代长安城是按事先统一的规划，逐步施工修建的。城内的皇宫、官署、市场、居民坊里，各有专区，相对集中。这与汉长安城结构很不规则，宫殿、官署分散，占用面积达全城三分之二以上的情况相比，有了很大的改变。

唐长安的宫城约占全城总面积的3.7%，皇城约占6.3%。它们在总面积中所占的比例比较小，这无疑是古代都城发展史上的一个进步。唐长安城内没有只准皇帝行走的驰道，大大便利了居民交通往来，也是比汉长安城优越的一个方面。

前边说过，宫城位于靠北居中的位置，用来表示帝王"至高无上"的权威。太极宫处于几重城墙的包围之中，真正是深垒坚壁、密封绝缘。李白《君子有所思行》中的诗句"凭岩望咸阳，宫阙罗北极。万井惊画出，九衢如弦直"形象地表现出唐长安城以皇家为中心的结构布局特点。宫城南正门名叫"承天门"，意思是从这里承接天子的旨意，可知当时在城市设计和给建筑物命名上，都是煞费了苦心的。

皇城又名子城，位置在宫城南面，是朝廷官员办公的地方。城内南北七街，东西五街，排列着尚书省、御史台、鸿胪寺等官署。唐代尚书省故址，在今天西安市西大街靠近钟楼的社会路一带。

唐长安城中的一百一十四坊，以承天门大街为分界线，东、西各占一半。其中，除去东、西两市各占两坊的面积和城东南

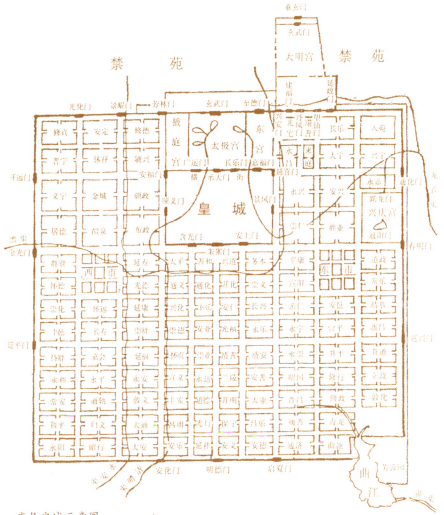

唐长安城示意图

角让曲江池占了两坊之地外，实际只有一百零八坊（后来建筑大明宫增修道路改变的坊数，不计在内）。城内南北十一条大街，东西十四条大街，交错在坊市中间。白居易《登观音台望城》中的诗句"百千家似围棋局，十二街如种菜畦"，同样生动地赞叹了长安城内整齐划一的棋盘式格局。

王公贵族和大官僚的宅第，占据着各坊最好的位置。由于大明宫和兴庆宫都修在城东部，因此权贵们后来纷纷在承天门大街以东的地区谋求住处。据说，其中以兴庆宫北侧的永嘉坊一带"贵气特盛"，因而争抢着往那里住的人也最多。郭子仪一家，就占了亲仁坊四分之一的土地面积。大明宫南边的近十个坊，是宦官聚居的地方；崇仁坊因为北街正当皇城的景风门，与尚书省的选院相近，又与东市相连，因而各地来长安等候考试的士子，大都住在这里。他们"昼夜喧呼，灯火不绝"①，使这里成为当时最繁华的坊里之一。而承天门大街以西的坊里，就比较荒僻冷落。那里主要是一般小官吏和商人、市民的居住区。

在封建统治者的倡导和精心安排下，长安城里布满了庙观寺院，很多坊中还不止一所，它们同样占据了很大的面积。如大兴善寺、玄都观、昊天观分别占据了靖善坊、崇业坊和保宁坊的全部土地；西南角的和平、永阳二坊，也全部为总持寺和庄严寺所占据。还有很多寺院，占了一坊的一半或四分之一的面积。寺僧靠宗教迷信剥削人民，众多的寺庙，无疑造成了人民的沉重负担。

长安城内的街道宽阔笔直。文献记载，宫城与皇城之间的横街宽300多步，合今天400多米，是城中最宽的街道。承天门大街又名"天街"，由于它穿过了皇城的朱雀门，因而也叫"朱雀门大街"。朱雀门大街是长安最主要的干道，宽达150米。当时最窄的街道，也有25米左右。

唐长安是一座风景优美的城市，除了曲江池等游览场所外，对市面绿化也很注意。大致街道两旁，遍植槐树。从"迢

---

① ［宋］宋敏求：《长安志》第八卷。

迢青槐街，相去八九坊”①的描写，就可以想见当时这里古槐成行、绿荫蔽日的情景。住在靖安坊的元稹曾有“落叶添薪仰古槐”②的诗句，也说明长安街上的槐树是很多的。

从以上叙述可以看出，唐代长安的皇宫、官署与市民居住区有了严格的区别。前两者占据了城中最突出的位置，表现了加强封建专制主义中央集权的思想。这一点也体现在坊间制度上。当时各坊都有围墙，坊门定时开闭。居民居住的每个坊里都设有里司一人，管理本坊的事务。主要街道两侧各坊和城内四角，遍布王宅、官邸和寺观。整个布局，反映了唐代长安实际上是一座由官僚地主和僧侣围绕着的，以皇家贵族为中心的封建城堡。

根据有关资料可知，唐长安城中约有一百多万人口。由于封建时代皇帝与人民严重对立，因而对皇宫所在的长安城采取了特殊严密的管理措施。长安的地方长官不仅品位很高，而且权力也很大。统辖京城的京兆府设有京兆尹一人，这是从三品的大官。城内以朱雀门大街为界，东边归万年县管辖，西边归长安县管辖。这两个京县的县令，也都是从五品的官员。

军队是国家机器的一个重要方面。唐代宫城驻扎有左、右龙武军等共十个军，约十万人。他们的待遇特别优厚，经常仗势欺人，侵害人民。皇城里又驻有左、右骁卫等十六卫部队，各设大将军、将军数人，负责宫廷、皇城守卫，以及京城昼夜巡查。皇帝上朝时，这些人穿着特制的衣服警卫戒备，上朝百官都受他们的监督和指挥。

---

① ［唐］白居易：《寄张十八》。
② ［唐］元稹：《遣悲怀三首·其一》。

　　长安城各城门、坊角，都设有武侯铺，根据具体情况，驻扎着不同数目的军队。城门、坊门按时开关。在通往城门的大街上设有街鼓，天将要明的时候，擂鼓后坊市开门；日暮时，擂鼓关门。每到夜晚街鼓响过后，所有行人都必须回到坊内。这就是唐诗中所谓"六街鼓歇行人绝，九衢茫茫空有月"的情景。相传，唐代楚州刺史裴思训的儿子裴倩然，是个道士，他喜欢饮酒作诗。唐玄宗时的一天夜间，裴倩然在擂鼓之后醉倒在街上，吟诗说："遮莫冬冬动，须倾满满杯。金吾如借问，但道玉山颓。"说的也是指擂鼓禁街之事。夜里街使、骑卒到处巡行呼叫，并有武侯铺武士巡查暗探，对犯夜的人往往处分很重。每年只有元宵节及前后的正月十四、十五、十六三天夜晚坊门大开，可以点起灯火在大街上行游。唐代苏味道《正月十五夜》诗中的"金吾不禁夜，玉漏莫相催"，正指此事。

　　安史之乱后，最高封建统治者对宫廷的安全，更加失去信心，故多次发布命令，禁止一般人在家里私藏或出门携带武器。

　　唐王朝对于长安的建设和管理，着重在于维护他们的特权和安全，而对于一百多万长安人民的生活疾苦并不关心。因此有许多重大困难始终没有解决。例如，长安城中有从城南来的清明渠、永安渠、黄渠，有从城东来的龙首渠，有从城西来的漕渠。这些渠水流进城里后萦回曲折，汇集成很多池沼，对于调节气候、便利饮水、美化环境，有很多好处。但排水防洪问题没有很好地解决，往往造成严重后果。据《旧唐书·五行志》记载，永淳元年（682年）六月连日大雨，长安城内平地水深四尺以上，国中大饥。开元八年（720年）六月二十一日夜暴雨，京城兴道坊一夜陷为池，一坊五百余家俱失。元和十二年（817年）六月，京师大雨，街市水深三尺，坏庐舍二千家，含元殿一柱陷。虽然城内道路宽阔平整，但老百姓所走的并不像通王公大臣家的大街那样铺有沙子，因而碰到雨天，就泥泞不堪了。

再如粮食问题。由于皇家贵族和官僚地主不断兼并土地，霸占水利，压榨人民，因而号称沃野千里、"陆海"之地的关中平原，也不断发生饥荒。虽然唐王朝利用漕渠转运外地的粮食，把部分负担转嫁到江淮人民身上，但漕运非常困难，运费高昂，往往是"用斗钱运斗米"。因而每逢天灾，粮价照例暴涨，城里也不断发生饿死人的现象。"（高宗）上元初，京师旱，米斗值数千，死者甚多"①，以及"（高宗）永淳元年（682年）六月，关中初雨，麦苗涝损，后旱，京兆、岐、陇螟蝗食苗并尽……京师人相食"②，就是很好的例证。唐代皇宫需要的物品，原来由官府负责在市面上购买，到唐德宗贞元（785—805年）末年，改由宦官直接到市上去采购，当时把这叫作"宫市"。宦官开始还带着皇家的文书，后来干脆什么证据也不带，只说是"宫市"，就用低十几倍的价钱，硬把人家的东西拿走。由于这些人常常来到市场上左右一望，就把需要的商品白白拿走，因而人们把他们叫作"白望"。韩愈在《顺宗实录》中记载了一件当时发生的事情。一个农民用毛驴驮着木柴到长安市上去卖，碰上宫里买东西的宦官，只给了几尺绸子。宦官叫农民把柴送到宫门口，又向这个农民索取"门户钱"，农民痛哭流涕，将几尺绸子还给了宦官，但宦官还不答应，说要用他的驴把柴运进宫去。农民乞求说："我有父母和妻子，全家人就靠这头驴过活。现在把柴白送给你们，你还不答应，我只有死

---

① 《旧唐书·李皋传》。

② 《旧唐书·高宗本纪》。

了。"真正是"名为宫市，而实夺之"。白居易在《卖炭翁》中，也详细记录了一位老人的不幸遭遇："卖炭翁，伐薪烧炭南山中。满面尘灰烟火色，两鬓苍苍十指黑。卖炭得钱何所营？身上衣裳口中食。可怜身上衣正单，心忧炭贱愿天寒。夜来城外一尺雪，晓驾炭车辗冰辙。牛困人饥日已高，市南门外泥中歇。翩翩两骑来是谁？黄衣使者白衫儿。手把文书口称敕，回车叱牛牵向北。一车炭，千余斤，宫使驱将惜不得。半匹红纱一丈绫，系向牛头充炭直。"这无疑也是当时实际发生的情况。

封建制度本身所导致的各种社会弊病，在长安表现得最为突出。盗劫、暗杀等类事件层出不穷，而且作案者大都可以逍遥法外。王建的《羽林行》诗云："长安恶少出名字，楼下劫商楼上醉。天明下直明光宫，散入五陵松柏中。百回杀人身合死，赦书尚有收城功。九衢一日消息定，乡吏籍中重改姓。出来依旧属羽林，立在殿前射飞禽。"即说明那些歹徒多是受皇家庇护的。

长安城中这些尖锐复杂的矛盾，直到唐王朝终了，一件也没有能够认真地加以解决。

# 琳琅满目的东、西两市

　　唐代长安的商业贸易，主要集中在东市和西市。《长安志》记载：东市"市内货财二百二十行，四面立邸，四方珍奇皆所积集"。"行"就是行业。西市的情况，应当大体与这相差不多。从文献记载和唐代人写的笔记小说中看，西市当时有衣肆、坟典肆、药材肆、秋辔行、绢行、秤行、麸行、帛肆、肉行、鱼行、金银行、铁行、油靛店、法烛店、煎饼团子店、张家楼、窦家店、波斯邸、寄附铺（大概就是寄卖所），

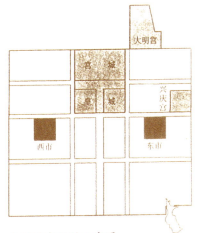

东西两市位置示意图

还有零散贩粥者等。各行业都设有行长或行首，因而当时可能已经有了行会一类的组织。曾经在唐武宗时期来长安学习的日本著名僧人圆仁，在他的《入唐求法巡礼行记》一书中记载：会昌三年（843 年）六月二十七日夜，东市失火，烧东市曹门以西十二行四千余家。按这个记录，一行折合三百余家。可以想见，当时长安市场上各行业人数众多，商业贸易繁荣。

　　在琳琅满目的东、西两市上，那经营绚烂多彩的丝绸、光亮艳丽的唐三彩，以及金银珠宝器的商店，都是特别吸引人的地方。从这里，你可以具体而又生动地了解到唐代工匠们的高超技艺和当时手工业发展所达到的水平。

丝绸纺织是手工业中最普遍的行业之一。全国各地的丝绸纺织手工业者，除了把他们所生产的最好成品贡献给皇家以外，还有一部分经由商人贩运到长安市场上，以取得较高的利润。当时，丝织物的品类空前繁多，仅江南东道（今浙江、江苏省一带）各州运来的，就有水纹绫、方纹绫、鱼口绫、绣叶绫、御服乌眼绫、绯绫、白编绫、文绫、交梭绫、十样花纹绫、吴绫、𬘓、绢、八蚕丝、轻容、生縠、花纱、紧纱、吴绢、衫罗、宝花罗、花纹罗等。[①] 数一数看，五光十色的绫罗绸缎，弄得人眼花缭乱。其中的"轻容"，是一种无花菲薄、轻飘如云的纱，王建《宫词》中"缣罗不著索轻容"，指的就是它。当时，还出产一种精美无比的缭绫，白居易曾详细地描绘道："缭绫缭绫何所似？不似罗绡与纨绮；应似天台山上月明前，四十五尺瀑布泉。中有文章又奇绝，地铺白烟花簇雪。织者何人衣者谁？越溪寒女汉宫姬。去年中使宣口敕，天上取样人间织。织为云外秋雁行，染作江南春水色。广裁衫袖长制裙，金斗熨波刀剪纹。异彩奇文相隐映，转侧看花花不定。昭阳舞人恩正深，春衣一对直千金。汗沾粉污不再着，曳土踏泥无惜心。缭绫织成费功绩，莫比寻常缯与帛。丝细缲多女手疼，扎扎千声不盈尺。"[②] 这是一种极费手工的高级织品，织一匹缭绫所用的劳力，就可以织出好多匹普通绸子来。

为织造高级丝织品，唐皇宫内专设了织染署，下属的绫棉坊中，有从全国挑选来的织绸能手三百六十五人，称为"巧儿"；又有内作使绫匠八十三人，掖庭绫匠一百五十人，内作

---

① 见《新唐书·地理志》。

② ［唐］白居易：《缭绫》。

巧儿四十二人，专门为皇家织造绸缎衣服。据说，唐中宗的女儿安乐公主让人用百鸟羽毛为她织成两条毛裙，正看是一种颜色，侧看又是一种颜色；在太阳下是一种颜色，在阴影中是另一种颜色，而且百鸟形状都显现在裙子上。受安乐公主这两条"百鸟裙"的吸引，"贵臣富家多效之，江岭奇禽异兽毛羽，采之殆尽"①。可以想见当时风行的盛况。

在长安东、西市场上的丝绸店中，除了绣花、织花绸外，还有很多色泽艳丽的印花绸。我们不知道最早发明印花技术的具体时间，但《唐语林》里记载："（唐）玄宗柳婕妤有才学，上甚重之。婕妤妹适赵氏，性巧慧，因使工镂板为杂花象之，而为夹结。因婕妤生日，献王皇后一匹，上见而赏之，因敕宫内依样制之。当时甚秘，后渐出，遍于天下。"这说明这种印花技术是唐玄宗时期柳婕妤的妹妹从民间传到宫中去的。"结"又作"缬"，除了上边说的夹结印花法外，还有绞缬、蜡缬两种印花技术。夹缬法，一般是把一段布分段折叠，夹上好看的树叶子，然后用木棒捶打，让叶汁沾在布上，再经过染色后，就显出了树叶的图案。绞缬是把一段布用针线绉成不同的花纹，使这些花纹部分不能接触染料，染色后拆去线头，显出保留底色的花纹来。蜡缬是用融化的蜡或豆面糊通过刻花板的花纹空隙，涂在板下的布上，染色后除去蜡，就显出各种花纹来。这种印染法，一直沿用到近代。

新中国成立后，从新疆吐鲁番县的唐墓中曾经出土大量唐代丝绸，如近年发现的一件晕绸提花锦裙，"锦用黄、白、绿、粉红、茶褐五色经线织成，然后再于斜纹晕色彩条纹上，以金

---

① 《新唐书·五行志》。

黄色细纬织出蒂形小团花"①。工艺复杂，色调匀称，制作精美。再如，出土的唐代联珠对马纹锦、联珠对孔雀纹锦、团花纹锦、双丝淡黄地蜡缬对鸟花束纹纱，以及在木红色地上用果绿、墨绿、黄、棕、白五色丝线织成的锦条等，都是唐代丝绸织品质地优良的明证。

在东、西市上的瓷器店中，有白瓷、青瓷，还有过去从来没有过的三彩瓷器。青瓷以越州（今浙江省绍兴市）出产的最受用户欢迎。新中国成立后，从西安羊头镇李爽墓中出土了一件越窑青瓷瓶，胎底灰色，釉色纯青，晶莹光洁，照见人影②，正可以与陆龟蒙《秘色越器》诗中所说的"九秋风露越窑开，夺得千峰翠色来"互相印证。

唐三彩属于陶瓷业中的一个分支，是唐代陶瓷工人的新创造。那黄、绿、赭三色色彩鲜艳、造型生动的骆驼、马、人，以及大量的生活用品，是瓷器中最逗人喜爱的品类。新中国成立后，在西安周围发现的大量三彩器，基本可分为两类。一种是专门做陪葬用的明器，如天王俑、武

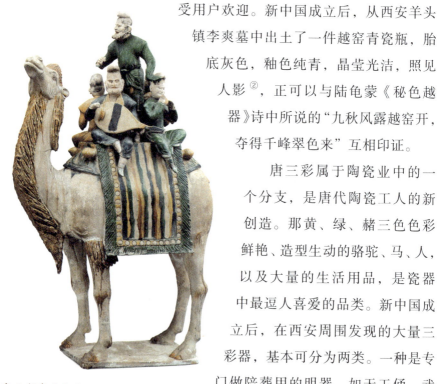

唐三彩载乐骆驼

---

① 新疆维吾尔自治区博物馆：《丝绸之路——汉唐织物》，文物出版社 1972 年版，第 4—5 页。

② 陕西省文物管理委员会：《西安羊头镇唐李爽墓的发掘》，《文物》1959 年第 3 期。

士俑、镇墓兽、仪仗俑、僮
仆俑、马、骆驼、建筑模型
等。另一种是日常生活用具，
如碗、盘、碟、罐、杯、壶、
灯台等，都是极为珍贵的艺
术精品。这种风行于盛唐时
期的三彩陶瓷技术，似乎没
有继续下去，在唐玄宗以后
的唐墓中，就很少发现了。

西安何家村出土的双狐纹双
桃形银盘

金、银平脱器是唐代金、
银器行中的最新货品。它的
制作办法是，把金、银叶片
刻成花草或禽兽图案，用胶
粘在器物上，然后满涂上漆，
再慢慢磨光露出金或银的图

唐兽首玛瑙杯

案花纹来。这种工艺品，漆黑、金黄、银白各种颜色交相辉映，
明光闪亮。据《杨太真外传》记载，在杨贵妃送给安禄山的礼
品中，就有"金平脱装具"。今天，我们看到的唐代金、银平
脱铜镜，制作工艺都是很精美的。

1970 年 10 月，从西安南郊何家村出土窖藏唐代金、银器
二百七十多件。其中环柄八曲杯、环柄八棱杯、羽觞、高足杯、
带流大碗、六曲盘、桃形盘、提梁壶、提梁罐、双耳锅、三足
铛、熏炉、熏球等器物，无论从铺金、捶击、焊接、切削或抛
光各个环节去检查，都说明是一些巧夺天工的高级工艺品。

茶叶也是当时长安市场上的重要商品之一。《封氏闻见记》
说，当时"茶自江淮而来，舟车相继，所在山积，色额甚多"。

唐代周昉《调琴啜茗图》

唐代中叶以后，饮茶风气大为盛行，长安"王公朝士无不饮者"，西北各地少数民族也到长安来用马换茶，而且远销欧、亚各国。今天，俄罗斯、中亚和东欧各国把茶叶叫作"卡伊"，就是"茶叶"的音译；而西欧各国把茶叶叫"替"，则是福建泉州人读"茶"字的地方音。由于需要量大，许多专门贩茶的茶商出现，因而唐人有"商人重利轻别离，前月浮梁买茶去"的诗句。

各地的大商人或者在长安东、西市上，开有自己的商号；或者把货物贩运到长安后，批发给专营的商店代销。他们就住在前边所说的，设立在市场四面的邸店中。这种邸店，大约相当于后世的货栈，专供外来行商住宿和存放货物。唐代著名诗人元稹的《估客乐》中有"经游天下遍，却到长安城。城中东西市，闻客次第迎。迎客兼说客，多财为势倾"等诗句，说的就是这类邸店主人招徕顾客的情景。

富商大贾唯利是图，他们往往勾结官僚贵族，借以取得更多的财富。上引元稹《估客乐》中所说的那位行商，就是一个典型的例子。这首诗的前半段介绍说："估客无住著，有利身则行。出门求伙伴，入户辞父兄。父兄相教示，求利莫求名。

求名有所避，求利无不营。……求珠驾沧海，采玉上荆衡。北买党项马，西擒吐蕃鹦。炎洲布火浣，蜀地锦织成。越婢脂肉滑，奚僮眉眼明。通算衣食费，不计远近程。"这个天南海北倒贩各种货物和男女奴隶的商人，刚到长安市场上的邸店落脚，就"先问十常侍，次求百公卿。侯家与主第，点缀无不精。归来始安坐，富与王者勃"。他用厚礼行贿的卑劣手段，买通了公侯贵族和朝廷大员，生意也就越做越兴隆了。

东、西两市都有一些特大的富商。晚唐时期为整修被兵火破坏了的朱雀门进行募捐，一个名叫王酒胡的西市商人，一次就捐了三十万贯钱。安国寺重建后，唐僖宗李儇到寺里把新吊起来的大钟敲了十下，捐钱一万贯，并说有能捐一千贯的，就可以打一槌。王酒胡半醉半醒地来到寺中，跑到钟楼上连敲一百下，并随即从西市运来十万贯钱。可以想象，这类人在市上开设的商店也必然是豪华宏大的。王处存出身于长安城中因会做生意而得势的家族。史书说，他家世代在神策军中当官，有数百万家产。他父亲王宗就因为会做生意，发了大财，在家里"侯服玉食"，用了上万个奴仆，豪华富贵，可以与王者相比。王宗因为有了钱，在官场也步步高升，一直做到检校司空金吾大将军，还兼着兴元节度使。王处存也由于这些原因，在唐僖宗时被任为检校刑部尚书义武军节度使。他们父子一样，都是死心塌地为唐王朝效忠的人。就是这个王处存，后来成了黄巢农民起义军最凶恶的敌人。[①]

前边提到的西市窦家店的老板名叫窦乂，也是一个善于钻营牟利的商人。相传，他曾买了长安永崇坊太尉李晟宅前的一

---

① 见《旧唐书·王处存传》。

所院子，拆去住房，开为农田。李晟在楼上看到后，也想买下这块地修成马球场，便派人去向窦义交涉。窦义故作姿态，说他自己要用。等到有一天他打听得知太尉在家休息时，便带上这块地的契约去送给李晟，并且献媚说："我本来打算让亲戚住在这里，但因为想到这里紧靠太尉府第，贫贱之人住下，我心里实在不安。这块地还宽敞，可以在那里骑马戏乐。现在，我把地契献上，拜请太尉赏脸收下。"[①] 李晟听后大为高兴，窦义后来因此得到了很大的好处。

窦义还曾买下西市秤行南一大片低洼积水地，在这块地的中心立了一个高竿，挂上旗子，又在附近修建起六七个小饭铺，叫小孩拾瓦片土块打竿上的旗子，凡能命中的，就赏给他煎饼、团子吃。这样，不到一个月，就把洼地填平，在上面盖了二十间房屋，号为"窦家店"。这里"当其要害，日收利数千"[②]，窦义很快成为暴发户。

东、西两市是长安城中商业贸易最集中的地区，同时，在市民居住的各坊里中也设有一些店铺和作坊。如延寿坊有金银珠宝店，宣阳坊有彩缬铺。各坊的多种饮食店，无疑是特别受欢迎的。如升平坊门旁有胡人大饼店，颁政坊有馄饨曲。"曲"是小巷子的意思，这里因为有可口的馄饨而连街巷也以此为名了。胜业坊还有推小车卖饼的，长兴坊有毕罗店。今天维吾尔语把抓饭叫作"波罗"，与"毕罗"音近似，毕罗可能就是抓饭。白居易有《寄胡饼与杨万州》诗："胡麻饼样学京都，面脆油香新出炉。寄与饥馋杨大使，尝看得似辅兴无？"这说明

① 见《太平广记》卷二四三引《乾馔子》。
② 见《太平广记》卷二四三引《乾馔子》。

长安辅兴坊的胡麻饼店很有名。此外，韩约的樱桃毕罗，庾家白莹如玉的粽子[1]，也都是一些名牌小吃。

在兴道、务本、长兴、靖安、亲仁、永乐、宣平、布政、崇贤、延寿等坊中，都开有旅舍。旅舍又叫寄舍、旅馆或旅邸。855年到长安的日本僧人圆珍，曾在崇仁坊的王家店和春明门附近的高家店住宿[2]，这种店应该也是旅店。

各坊的手工业作坊中，聚集着大量的能工巧匠。如靖恭坊有毡曲，那里有许多制毡工匠；长乐坊出美酒，名叫"郎官清"，想来可以与西市美酒"西市腔"媲美。崇仁坊有很多乐器厂，其中，以南、北二赵家做得最好；延寿坊聚居着许多玉石雕刻家；通化门靠近通函谷关以东的大道，因而制造马车的作坊大都设在这里。东、西市上琳琅满目的商品，很多出自这些手工业工人之手。他们有的以家庭为单位，辛勤操作，生活艰苦；有的受雇于人，过着被剥削、受欺凌的日子。如上边说的那个窦乂，就雇佣很多工人为他"日夜加工"，将槐子油和搓散捣烂的破麻鞋，制成脂烛。他就是这样靠着工匠们的血汗，为自己"获无穷之利"[3]的。

随着贸易额的不断扩大，一些商人，特别是在长安没有固定住处的行商，感到把赚来的大量钱币放在自己身边很不安全，因而当时东、西两市出现了叫作"柜坊"或"僦柜"这种专门代人保存钱币的铺子。柜坊与现代银行不同的是，存款人不仅得不到利息，反而还要出保管费。还是那个窦乂，为了买崇贤

---

① 见《酉阳杂俎》。

② 参见张鹏一：《唐代日人往来长安考》，山西人民出版社 2014 年版。

③ 见《太平广记》卷二四三引《乾馔子》。

坊一小院，就曾临时从西市柜坊取出了他的存款。[1]

行商携带大量铜钱上路也很不方便，因而他们便把在长安赚得的钱送到诸道进奏院，也就是各地方的"驻京办事处"去，然后轻装出发，到达目的地后，凭书面证据就可提取出钱来。这种办法当时叫作"飞钱"，类似现代的汇款。飞钱法无疑为唐代商业的进一步繁荣发展提供了便利条件。

---

① 见《太平广记》卷二四三引《乾馔子》。

# 绚丽多彩的文化园地

在生产发展的基础上，唐人继承前代优秀传统并融会外国传来的多种新鲜知识，创造了灿烂辉煌的唐代文化，使当时的科学技术、土木建筑、手工工艺、航海造船、文学史地、绘画雕塑、音乐舞蹈、书法艺术和佛学研究等各个方面，都达到了新的高峰。长安是当时的文化中心，全国最杰出的学者、诗人、科学家、艺术家，大都在这里居住、活动过。例如，画家阎立本和李思训，曾分别住在延寿坊和通义坊；白居易先后在新昌、宣平、昭国、常乐、永崇等坊居住。以画马著名的韩幹，小时候常在长安酒家帮工，给诗人兼画家王维送过酒。王维见他随便在地上画的各种形象都很有意趣，便帮他进一步学习，后来他终于成为杰出的画家。杜甫家住在城南少陵原下，陈子昂住在宣阳坊，柳宗元住在亲仁坊，杜牧住在安仁坊。书法家褚遂良和欧阳询分别住在平康坊和敦化坊，医学家孙思邈住在光德坊。诗人贾岛、韩愈、刘禹锡，曾分别住在延寿、靖安、光福各坊。他们好像争辉的群星一般，都在各自不同的领域中，做出了独特的贡献。

唐代是我国古典诗歌发展的鼎盛时期，清人编纂的《全唐诗》收录作家两千多人、诗四万八千九百多首。其中，自成一家的大诗人，就可以举出几十位。那时中国真可以说是诗的国家，不仅作家空前的多，人民群众也特别喜欢这种文学形式，因而一些好篇章在当时就广为流传，或者被谱上乐曲，到处传唱。例如，王维的《渭城曲》"渭城朝雨浥轻尘，客舍青青柳色新。劝君更尽一杯酒，西出阳关无故人"被配上乐曲后，就几乎成了唐代送别时必唱的歌曲。白居易和刘禹锡诗中提到的"阳关唱""唱渭城"等，都是指这首歌曲。再如，相传唐玄宗时期，诗人王昌龄、高适、王之涣，一天相邀到长安酒楼上去饮酒，恰巧有十多名皇家梨园伶官和几名歌伎也到楼上参加宴会。王昌龄三人悄悄约定，看这些乐官唱歌时，选用他们中间谁的诗最多，就算谁的诗写得最好。过了片刻，一个伶官唱道："寒雨连江夜入吴，平明送客楚山孤。洛阳亲友如相问，一片冰心在玉壶。"王昌龄马上抬手在墙上画了一道说："一首绝句了。"随后又有伶官唱道："开箧泪沾臆，见君前日书。夜台今寂寞，犹是子云居。"高适也在墙上画了一道说："我的一首绝句。"下边再唱的是："奉帚平明金殿开，且将团扇共徘徊。玉颜不及寒鸦色，犹带昭阳日影来。"王昌龄边往墙上画，边说："我的两首绝句了。"王之涣见他们迟迟不唱自己的诗作，难免有些着急，忙争辩说："这些不得意的伶官唱的都是些粗俗歌曲，假若长得最好看的那名歌女再不唱我的诗，那么我甘拜下风，今生再不敢与你们争高下了。"稍停之后，那名梳着双鬟的美丽姑娘果然引吭高歌王之涣的诗："黄河远上白云间，一片孤城万仞山。羌笛何须怨杨柳，春风不度玉门关。"王之涣得意至极，取笑道："两位粗汉，我说的还能有错！"三人大笑。伶官见到这种情景，询问后知道他们都是著名诗人，便一个个争着过来行礼相认，并请到他们筵席上去一块饮酒。①

---

① 见《集异记》。

李白、杜甫是唐代成就最大、最受人们欢迎的两位诗人。白居易说，他们二人"吟咏流千古，声名动四夷。文场供秀句，乐府待新词。天意君须会，人间要好诗"①；韩愈也说"李杜文章在，光焰万丈长"②，无疑都是非常中肯的评价。李白初到长安，就以自己早期作品《蜀道难》的瑰丽辞章和奇特想象，而被老前辈贺知章称誉为"谪仙人"，并受到普遍的赞扬。他用浪漫主义的手法，极富于夸张的色彩，揭露了社会的黑暗、官场的污浊，倾诉了个人的不幸和愤懑，也满腔热情地歌颂了祖国的壮丽山河，真正是"笔落惊风雨，诗成泣鬼神"③。

李白抱着"使寰区大定，海县清一"的雄心大志来到长安。相传，

李白

杜甫

李白初次被皇帝召见时，唐玄宗一时高兴，曾经赏给他饮食，并亲自为他调汤。李白又曾在草拟朝廷诏令时，让杨贵妃捧着砚台，让高力士为他脱去长靴，似乎很得意了。但唐玄宗只不过是把他作为朝廷的弄臣，与"倡优同畜"，让他供奉翰林，等待皇帝的诏命。他在认识了严酷的现实之后，才在长安写出

---

① ［唐］白居易：《读李杜诗集因题卷后》。

② ［唐］韩愈：《调张籍》。

③ ［唐］杜甫：《寄李十二白二十韵》。

了"奈何青云士,弃我如尘埃。珠玉买歌笑,糟糠养贤才"①,以及"大道如青天,我独不得出。羞逐长安社中儿,赤鸡白狗赌梨栗"②等,这些深刻揭露朝廷黑暗和表示自己决不趋炎附势、与小人同流合污的感人诗篇。李白还用大量篇章,抒发自己不被任用的愤怒和痛苦,振臂高唱:"金樽美酒斗十千,玉盘珍羞直万钱。停杯投箸不能食,拔剑四顾心茫然。欲渡黄河冰塞川,将登太行雪满山。……行路难!行路难!多歧路,今安在?"③高傲耿直的诗人,终于因为不容于权臣贵族,而被排挤出了长安。李白临走时虽然还抱着"长风破浪会有时,直挂云帆济沧海"④的希望,但这个希望最后化成了泡影。756年,李白又曾满怀热情地参加了永王李璘抗击安史叛乱的部队。不幸因为永王与他哥哥唐肃宗李亨的矛盾,李白也受牵连,被投入监狱,后来又被流放夜郎(今贵州省桐梓县东),中途遇到全国大赦,才得返回。正如杜甫在《梦李白二首》中说的:"冠盖满京华,斯人独憔悴。"大诗人李白,不久就在贫病交加中死去。对于他不幸的一生,白居易在多少年之后还在感叹:"采石江边李白坟,绕田无限草连云。可怜荒垅穷泉骨,曾有惊天动地文。但是诗人多薄命,就中沦落不过君。"⑤

杜甫于746年第一次来到长安,他把"致君尧舜上,再使风俗淳",作为自己不可推卸的责任。但是这时口蜜腹剑、嫉贤妒能的李林甫已经掌握了朝廷大权,因而751年杜甫费了大

---

① [唐]李白:《古风·燕昭延郭隗》。

② [唐]李白:《行路难三首·其二》。

③ [唐]李白:《行路难三首·其一》。

④ [唐]李白:《行路难三首·其一》。

⑤ [唐]白居易:《李白墓》。

劲写出的三篇《大礼赋》，虽然得到唐玄宗的赞赏，也只让他到集贤院去等待宰相进一步考核录用。直到 755 年，他四十四岁时，才被任为右卫率府胄曹参军这个负责看守兵甲器杖的小官。

这一时期，诗人在长安的生活是相当凄惨的。他经常"朝扣富儿们，暮随肥马尘。残杯与冷炙，到处潜悲辛"①，而且，"饥卧动即向一旬，敝裘何啻联百结。君不见空墙日色晚，此老无声泪垂血"②。这种挨饿受冻的不幸遭遇，促使他比较了解和同情一般人的苦难。再加上杜甫渊博的学识和深厚的文学造诣，"读书破万卷，下笔如有神"，就使他的诗歌创作，无论在反映社会的深度还是广度上，都取得了突出的成就，写出了像"朱门酒肉臭，路有冻死骨"那样深刻反映贫富对立和社会不公的诗句。他的《自京赴奉先县咏怀五百字》《新安吏》《石壕吏》《潼关吏》《塞芦子》《留花门》等反映现实的著名篇章，就是在长安一带写成的。

杜甫晚年在离开长安之后，也还费了大量笔墨，抒发他对国家的忧虑和对长安的怀念。如他在 766 年秋天流落夔州（今重庆市奉节县）时写的"闻道长安似弈棋，百年世事不胜悲"，"夔府孤城落日斜，每依北斗望京华"，以及"丛菊两开他日泪，孤舟一系故园心"③等诗句，既感慨国家政局的混乱，又不能忘怀对长安的情思，心里是很复杂的。直到 770 年诗人临去世前，他还忧心忡忡地说："云白山青万余里，愁看直北是

---

① ［唐］杜甫：《奉赠韦左丞丈二十二韵》。

② ［唐］杜甫：《投简咸华两县诸子》。

③ ［唐］杜甫：《秋兴八首》。

长安。"①

杜甫诗汪洋浩瀚，具体而又生动地描绘了唐王朝由盛到衰这一整个历史时期中多方面的社会面貌。因而，人们又把他的作品称为"诗史"。

白居易是唐代另一位声名显赫的诗人，相传他十六岁时带上自己的诗稿，到长安去拜访老诗人顾况。顾况开头漫不经心地拿他的名字开玩笑说："长安物价颇高，居住在这里可真不容易呀！"但当他读到年轻作者的"离离原上草，一岁一枯荣。野火烧不尽，春风吹又生"这些充满生气的诗句时，大为惊奇，马上赞叹道："能写出这样好的诗句，无论到那里去居住都没有困难。我刚才的话不过是与你开玩笑罢了。"②白居易在创作上主张"文章合为时而著，歌诗合为事而作"③。他根据这个原则，写了大量反映人民疾苦、揭露社会黑暗的诗篇。《新乐府》和《秦中吟》中的几十首诗，就是这方面最有代表性的作品。由于这些诗作指陈时弊，切中要害，因而使得有关的当权者咬牙切齿，"相目而变色"④。

白居易在创作中，"非求宫律高，不务文字奇"⑤，而特别注意诗歌的通俗易懂。相传，他每写出新诗来，常常要念给老太婆听，凡是她们听不懂的，就加以修改。因为他的诗歌平白如话，音韵和谐，语言流畅，又能反映老百姓的一些痛苦，因而在当时广为流传。他的朋友元稹就亲眼看到皇宫、寺庙、

---

① ［唐］杜甫：《小寒食舟中作》。

② 见《唐才子传·白居易》。

③ ［唐］白居易：《与元九书》。

④ ［唐］白居易：《与元九书》。

⑤ ［唐］白居易：《寄唐生》。

旅馆的墙壁上都题有白居易的诗歌；从王公大臣到赶车的、放牛的、民间妇女，都能吟咏白居易的诗作，甚至连歌伎也因为能吟诵《长恨歌》而身价倍增。唐宣宗李忱所说的"童子解吟长恨曲，胡儿能唱琵琶篇"，是符合实际情况的。像白居易生前受到如此广泛欢迎的情形，在古代诗人中的确是少有的。

诗歌大师们在创作中都非常认真。杜甫说他自己"新诗改罢自长吟"，"语不惊人死不休"；孟郊是"夜吟晓不休，苦吟鬼神愁"；杜牧也说"欲知为诗苦，秋霜苦在心"，一字一句，都不肯草率下笔。诗人贾岛在骑着瘦驴横过长安朱雀门大街时，因为秋风正高，黄叶遍地，先想得了"落叶满长安"一句诗。当他苦苦思索，又想出了"秋风吹渭水"一句时，高兴得不得了，不觉冲撞了京兆尹刘栖楚的马队，被关押了一晚上。后来，贾岛又骑驴吟诗，在街上斟酌再三，不能决定"僧敲月下门"一句诗中的第二字用"敲"字好，还是用"推"字好。他嘴里念着，还不断用手比画推门和敲门的姿势，不觉又冲进了京兆尹韩愈的马队中。贾岛讲明情况后，韩愈说，还是"敲"字好。从此，他二人结成了朋友。[①]

绘画是唐代文化园地中的另一朵鲜花。艺术巨匠们运用自己的彩笔，或者反映历史事件，或者反映中外人民和我国各民族之间的友谊，或者歌颂英雄人物，或者表现佛教故事，或者描绘祖国的壮丽山河，都给长安城增添了新的光辉。唐代初期的著名画家阎立德、阎立本兄弟两人合作画成的《文成公主降番图》，形象地表现了汉、藏两个兄弟民族间的亲密关系。阎立本的《凌烟阁功臣二十四人图》《外国图》等，也都是为人

---

① 见《唐才子传·贾岛》。

唐代阎立本《步辇图》

传颂的佳作。盛唐以后，画苑名家辈出，如吴道子、李思训、韩干、张萱等，他们的作品遍布宫廷、官署、寺庙，以及官僚贵族家的墙壁上。唐玄宗让吴道子去四川画嘉陵江山水，回来他告诉玄宗说，没有画草图，都记在心里。后来他只用一天时间，就在兴庆宫大同殿壁上画出了嘉陵江三百里山水。李思训同样在大同殿上画山水，却用了几个月时间。唐玄宗认为，他们二人的画"皆极其妙"，各有特色。韩干画马，由于他以实物为师，细心观察各类马的体形和神态，因而能"状飞龙之质，尽喷玉之奇"，开辟了新的艺术境界。

　　壁画在唐代整个绘画中占有突出的地位，多数画家都曾利用这种形式，表现了他们高超的技巧。可惜这些珍品今天已看不到了。但是，新中国成立后从西安附近的唐墓中出土的大量墓道壁画，却为我们部分地再现了一千多年前这种艺术的光彩。

　　唐墓壁画以人物为主，按其内容，大概可以分为仪仗出行、宫廷生活、贵族家庭、中外友谊、农耕畜牧等几种类型。如骑马出行图、狩猎出行图、大朝仪仗图、宫女图、观鸟扑蝉图、

《客使图》（唐墓壁画）

打马球图，以及画有唐代农耕、牧养、杂役、马厩、草料库的图画等，都是引人注目的作品。

前边《三大宫殿群》一节曾提到武则天于大明宫麟德殿，接见日本国使者粟田真人的事。史书中记载，这位使臣当时"冠进德冠，其顶为花，分而四散。身服紫袍，以帛为腰带"[1]。恰巧章怀太子李贤墓道中有一幅反映唐代长安中外各国朋友友好关系的《客使图》，画面上的外宾队列中，从右向左第二人为东亚人面型，其所戴帽子和服饰都与史书中所说的朝臣真人的服饰相类似。这是一位日本使者的形象，应该是没有疑义的。

现在发掘保存下来的墓道壁画，构成了一个地下艺术宝库，为我们研究唐代的宫室建筑、仪仗制度、中外各国的交往、当时的风尚习俗、衣着服饰、生产状况、运动器材、皇家贵族的骄奢淫逸和杂役们的不幸遭遇，以及唐代画师们的绘画技巧，提供了珍贵的形象资料。

唐代国内各民族间和中外频繁的文化交流，促进了长安音

---

① 《旧唐书·日本传》。

乐舞蹈的繁荣。当时，宫廷内设内教坊，长安、洛阳又各设外教坊两所，负责培养歌舞人才；民间也出现了大批优秀的乐工和舞蹈家。如大型舞蹈《破阵舞》，表现军队的战阵动作，相传每次有一百多人集体舞蹈。它的乐曲，就是以民间流行歌曲为基础，吸收龟兹（今新疆维吾尔自治区库车市一带）音乐写成的。小型舞蹈中的《浑脱舞》可能与缅甸等国民间的泼水节有关系，《胡旋舞》发源于康国（今乌兹别克斯坦撒马尔罕一带），《春莺啭》也含有龟兹乐的成分。

当时，很多艺术家都曾在长安登台演出。他们精湛的技艺，博得了广泛的赞扬。比如，白居易在《琵琶行》中描写的那位原来在长安红极一时的女音乐家，在年迈流落他乡时弹奏琵琶的情景，依然是"大弦嘈嘈如急雨，小弦切切如私语。嘈嘈切切错杂弹，大珠小珠落玉盘。间关莺语花底滑，幽咽泉流冰下难。冰泉冷涩弦凝绝，凝绝不通声暂歇。别有幽愁暗恨生，此时无声胜有声。银瓶乍破水浆迸，铁骑突出刀枪鸣。曲终收拨当心画，四弦一声如裂帛"，使在座的人感慨万端，甚至落下泪来。诗人李颀在《听安万善吹觱篥歌》中说："南山截竹为觱篥，此乐本自龟兹出。流传汉地曲转奇，凉州胡人为我吹。傍邻闻者多叹息，远客思乡皆泪垂。"安万善是凉州地区的一位少数民族同胞，他吹奏的龟兹乐曲，同样有很大的感染力。

相传，唐玄宗开元年间，宜春院负有盛名的歌唱家许永新，每当秋高月朗的夜晚，"喉啭一声，响传九陌"。她清脆悦耳的歌声，四街的人都能听到。有一次，唐玄宗在紧靠春明门大街的勤政务本楼上举行盛大宴会，由于楼下街上观看的人成千上万，喧哗吵闹得听不见鱼龙百戏的声音。秩序没法维持，唐玄宗已经准备中途结束宴会了，宦官高力士建议让许永新上楼来唱歌，以使大家安静下来。当许永新上到楼前，撩起鬓发，甩动衣袖，"直奏曼声，至是广场寂寂若无一人"。她的歌声，使"喜者闻之气勇，愁者闻之肠绝"①。可以看出，这位歌唱家在人们心目中享有多么高的地位。盛唐时期还有一位著名的舞剑专家公孙大娘，杜甫通过诗歌，为我们留下了她的飒爽英姿："昔有佳人公孙氏，一舞剑器动四方。观者如山色沮丧，天地为之久低昂。爆如羿射九日落，矫如群帝骖龙翔。来如雷霆收震怒，罢如江海凝清光。"②她也是一位具有广泛群众基础的民间艺人。

书法在唐代文化园地中同样占有重要的地位。当时真、草、篆、隶各体书法名家辈出，即便是唐代一般人写的字，也为后世人所爱重，称赞它"愈丑愈艳"。唐代书法名家欧阳询、欧阳通、李阳冰、张旭、怀素、褚遂良、虞世南、李邕、颜真卿、柳公权、韩择木等人的手迹，今天已经不可多见，但通过按照他们手书刻成的碑石，以及一些早期的拓片，仍然可以看到这些大师们的书法原貌。新中国成立后，考古工作者从西安附近的唐墓中发现许多保存完好、字迹清晰的墓志，更为我们学习研究唐代的书法提供了新的资料。

唐代许多书法家在生前就赢得了很高的声誉，如李白称赞篆书大师李阳冰："落笔洒篆文，崩云使人惊。"③草书大家张旭当时就被人尊称为"草圣"，杜甫在《饮中八仙歌》中说："张旭三杯草圣传，脱帽露顶王公前，挥毫落纸如云烟。"唐代诗人戴叔伦也满腔热情地歌颂了僧人怀素的草书艺术："始

---

① 《乐府杂录·歌》。

② ［唐］杜甫：《观公孙大娘弟子舞剑器行》。

③ ［唐］李白：《献从叔当涂宰阳冰》。

柳公权、颜真卿、欧阳询书法

从破体变风姿，一花开春景迟。忽为壮丽就枯涩，龙蛇腾盘兽屹立。驰毫骤墨剧奔驷，满坐失声看不及。心手相师势转奇，诡形怪状翻合宜。"[1]这些书法家都达到了得心应手、左右逢源、出神入化的境界。再如唐文宗看到柳公权在宫殿墙壁上所写的方圆五寸的大字，惊叹说："钟、王（钟繇、王羲之）复生，无以加焉！"[2]相传，当时一些外国朋友特别喜欢柳公权的字，他们来长安有关部门办事的时候，常常另外包着一笔钱，在外边写上"此购柳书"[3]。历史文献还说：欧阳询"笔力险劲，为一时之最"，人们都把他的字作为典范临摹。高丽（古国名）人非常看重他的字，曾派使者前来请他书写。[4]这说明这些书法家不仅名满长安乃至全国，在国外也享有一定的声望。

唐代书法家能取得这样高的成就，完全是他们勤学苦练的

---

① ［唐］戴叔伦：《怀素上人草书歌》。

② 《旧唐书·柳公权传》。

③ 《旧唐书·柳公权传》。

④ 《旧唐书·欧阳询传》。

結果。他们能够虚心学习前人和当时人的长处，融会贯通后加以创新，走出自己的路子来。如柳公权就是"初学王（羲之）书，遍阅近代书法，体势劲媚，自成一家"①。另一方面，他们又能在日常生活中随时细心观察，善于从其他艺术形式或事物的现象中求得启示。如张旭说过："始吾见公主担夫争路，而得笔法之意。后见公孙氏舞剑器，而得其神。"②"公孙氏"就是上文介绍过的那位著名舞蹈家公孙大娘。杜甫也说："昔者吴人张旭，善草书书帖……见公孙大娘舞西河剑器，自此草书长进。"③历史上更有许多关于他们专心致志、刻苦练习的记载。《唐国史补》说："僧怀素好草书……弃笔堆积，埋于山下，号曰笔冢。"颜真卿年幼时因为家里没有纸，用树叶习字。④《新唐书·颜真卿传》说他"善正、草书，笔力遒婉，世宝重之"，自然是下苦功夫换来的。柳公权将全副精力倾注于书法艺术之中，以致家中的金、银器等财物大多被负责保管的人偷去。事后他仅仅微笑道"银杯羽化耳"，便不再说什么。由他自己亲手收藏保管的，只有笔砚和图画。⑤这种高度热爱专业的精神，是他在书法上取得光辉成就的重要原因。

---

① 《旧唐书·柳公权传》。

② 《唐国史补》。

③ ［唐］杜甫：《观公孙大娘弟子舞剑器行并序》。

④ 见《颜氏家庙碑》。

⑤ 《旧唐书·柳公权传》。

# "丝绸之路"的发展与中西文化交流

  唐王朝曾经与亚洲、非洲、欧洲的许多国家和地区，保持着友好关系。频繁的国际交往，对促进长安经济和文化的繁荣起了巨大的作用。当时往来的主要交通大道，就是著名的丝绸之路。从汉武帝时期开始，这条道路已经畅通无阻。汉代丝绸之路在我国新疆境内一段分为南、北二路：南路出阳关后，沿塔克拉玛干沙漠南侧的昆仑山北坡向西，翻越葱岭后到达波斯（今伊朗）各地；北路是出玉门关后至车师（今新疆维吾尔自治区吐鲁番市），然后沿塔克拉玛干沙漠北侧的天山南坡向西，在今天新疆疏勒县一带与南道相合，然后翻越葱岭。隋代又开辟了由天山以北向西的一条大道。这条新路在唐代一直通到当时我国安西都护府所管辖四镇中最西边的碎叶城（今吉尔吉斯斯坦北部托克马克西南）。

  正是这条古老的联系纽带的存在，使长安很早就为西方各国所熟知。冯承钧翻译的《马可波罗行纪》第一一〇章《京兆府城》中，沙海昂注文说："西方所识最古之中国城市，即此西安。"西安是中国历史上最早具有国际影响力的城市。秦、汉、隋、唐时期之所以把都城设在长安一带，除了地理形势优越以外，还有一个很重要的因素，就是在古代海上交通未发达前，长安是黄河流域各大城市中，与西方文明国家交通往来比较方便的地方。

为了保证这条道路上的交通安全，唐代人民像汉代一样，曾经付出了巨大的努力。从河西走廊的凉州（今甘肃省武威市中部）起，直到天山南北各条大道上，凡是名叫军、镇、城、守捉的地方，都驻有军队。各地驻军都是有事作战，无事屯田，不但保护了往来行旅的安全，而且开垦了土地，生产了粮食。这些驻军加上后勤人员、部队家属、地方官吏和当地居民，就形成了丝绸之路上的许多繁华城市和富庶地区。唐代著名随军诗人岑参有诗句说："梁州七里十万家，胡人半解弹琵琶。"① "梁"当为"凉"字。每户以五口计，凉州十万家，人口应在五十万上下。这是一个了不起的数字。一千多年前，西北地区竟有这样大的城市，不能不令人感到惊奇。此外，如北庭都护府所在地庭州城（今新疆维吾尔自治区吉木萨尔县）、安西都护府先后所在地高昌（今新疆维吾尔自治区吐鲁番市附近）和龟兹，以及交通枢纽弓月城（今新疆维吾尔自治区霍城县东），遗址范围都很大，当时应该都是人口众多的城市。关于这些城市附近的农业发达情况，以凉州为例，诗人元稹在《西凉伎》一诗中描绘说："吾闻昔日西凉州，人烟扑地桑柘稠。蒲萄酒熟恣行乐，红艳青旗朱粉楼。"《资治通鉴》在天宝十二年（753年）条中说得更加清楚："是时中国盛强，自安远门西尽唐境，凡万二千里，闾阎相望，桑麻翳野，天下称富庶者，无如陇右。"就是说，从长安直到安西都护府这么大的地区中，遍地是桑麻等农作物，全国没有什么地方比这一带更富足了。"安远门"是唐代长安城西三门中偏北的门，

---

① ［唐］岑参：《凉州馆中与诸判官夜集》。

是丝绸之路的起点，后来改名为开远门。《南部新书》记载：开远门外土墩上立着一块记里程的石碑，上面写着"西去安西九千九百里"几个字，以表示去祖国最偏远的西部边境还不到一万里。这既是鼓励人们前往边疆建功立业，表明唐王朝对这条道路的特殊关心，也说明这条道路的确是以长安为起点的。我国西北地区有很多沙漠干旱地区，从唐朝到现在，这一带的自然条件应该没有特别大的变化，但《资治通鉴》说，这里曾经是全国最富庶的地区，这只能是当地人民刻苦经营和丝绸之路上中外各国人民频繁交往的结果。

这条路上除了众多的使臣和旅游者以外，中外商队更是相继不绝。张籍《凉州词》中的诗句"边城暮雨雁飞低，芦笋初生渐欲齐。无数铃声遥过碛，应驮白练到安西"就生动地表现了运载丝绸的骆驼商队，不畏艰辛，穿越沙漠，冒雨连夜向西方进发的盛况。

骆驼是古代沙漠中的主要运输工具，因而被誉为"沙漠之舟"。新中国成立后，考古工作者发掘西安附近的古墓时，在汉墓中多出土陶仓模型，而唐墓中则多出土三彩骆驼俑和深目高鼻、多络腮胡须的牵骆驼人俑。之所以有这种区别，在于汉代是我国农业生产发展的第一个高峰，土地、粮食是当时地主

西安出土的罗马、波斯、日本钱币

阶级发财致富的主要凭借，因而人们特别珍视贮藏粮食的仓、屯等。唐代以后，除土地、粮食外，发达起来的商业贸易又能给官僚贵族带来更多的财富。所以，他们也就对丝绸之路上的载货骆驼表现出更大的兴趣。

西方劳动人民熟悉大戈壁中的地理情况，能够在沙漠中辨识方向、寻找水源和掌握骆驼的习性，这就是为什么唐墓出土牵驼人俑，大多是"深目高鼻"形象的原因。杜甫《寓目》中的诗句"羌女轻烽燧，胡儿制骆驼"指的就是他们。

丝绸之路是唐代中国与西方各国交流文化的大动脉。通过这条道路，中国的丝绸、茶叶、纸张、陶瓷、竹器、漆器、金器、银器等大量运往西方；而西方各国的驯象、犀牛、象牙、犀角、白鹦鹉、骏马、珍珠、沉香、琥珀、胡椒、玻璃等，也为长安增添了光彩。

唐代西方的东罗马、大食（今阿拉伯帝国）、印度和波斯等国家，都经由丝绸之路与唐王朝保持着密切的联系。以波斯为例，当波斯的萨珊王朝于651年被大食灭亡后，波斯王子卑路斯还曾在唐高宗咸亨年间（670—674年）和武则天景龙二年（708年）前来长安，被封为唐王朝的右武卫将军和左威卫将军。今陕西省乾县唐高宗乾陵内城门里，两边排列的六十余尊石刻王宾像头虽已被打掉，但根据身上的服饰，仍然可以断定这是外国人和国内少数民族的形象。石人背上，原来都雕刻有官职和姓名，现在除少数几个外，大都已模糊不清。据《长安志图》记录，其中三十九个石人姓名中，有一个是"波斯大首领南昧"，另一个就是"骁卫大将军波斯都督波斯王卑路斯"。这无疑是唐代中波友好关系的最好物证。

还有一些遗留到今天的唐代文物，亦可反映出当时中波

昭陵六骏

两国人民文化交流的繁荣情况。比如，原在陕西礼泉县九嵕山唐太宗昭陵上的六骏浮雕，形象都是头小、胸宽、腿细而高、腹围窄、蹄子大等，显然有伊朗马种的特点。它们的名字分别叫"飒露紫""什伐赤""青骓""白蹄乌""特勒骠""拳毛䯄"。昭陵六骏是唐太宗生前南征北战中骑过的六匹战马的形象，它们有的昂然挺立，有的徐徐缓步，有的飞速奔驰。宋人张耒《昭陵六马》中的诗句"森然风云姿，飒爽毛骨开。飙驰不及视，山立俨莫回。长鸣驰八表，扰扰万弩䯄"描绘出了六骏的雄姿。六骏属于唐代石雕艺术中的最上品，可惜其中的飒露紫和拳毛䯄二马，已在1914年被美国文化盗窃分子卑斯薄盗去。下余四马，现存西安碑林博物馆。

中国古代文献中说，波斯有很多狮子，并多次向唐王朝赠送过狮子。唐高宗乾陵前那一对威风凛凛的巨大石狮，无疑是当时的工匠们根据波斯赠送的活狮形象雕刻的。中国民间流传至今的狮子舞，大概也是这时形成的。

1971年，由陪葬乾陵的章怀太子李贤墓道出土打马球壁画一幅。马球是从波斯传来的，唐朝的很多皇帝都喜爱马球。当时长安宫廷内外，以及各州郡，都修了马球场，而且要经常加以整修。难怪唐宪宗曾问赵宗儒说："人言卿在荆门，毬场草生，何也？"赵宗儒回答说："罪诚有之，虽然草生不妨毬

《打马球图》（唐墓壁画）

子。"宪宗为之一笑。[1]赵宗儒在宪宗元和初年曾任荆南（治今湖北省荆州市）节度使，元和六年（811年）又被任为刑部尚书。大约就在他初回长安时，宪宗问这些话的。

　　打马球本来是很好的体育运动，尤其在军队中可以锻炼骑术和马上刺杀。但在封建社会里，统治者沉迷于斗鸡走马，一味追求奢侈豪华。如唐中宗时，驸马武崇训等为使球场光滑，竟用油泼洒场地[2]，就是一个突出的事例。

　　其他如用汉文和古代波斯的巴利维文合刻的《唐苏谅妻马氏墓志》、乾陵石刻鸵鸟、波斯银币等，都不仅是唐代中波两国人民友好往来的实物例证，也是这种交往对促进唐代长安繁荣起了很大作用的最好说明。

---

[1] 《唐语林》。
[2] 《资治通鉴·中宗纪》。

# 大雁塔与小雁塔

　　大雁塔位于唐代长安城内东南晋昌坊的慈恩寺中，与寺东的曲江池、芙蓉苑，寺南的杏园，以及曲江池东北的乐游原，组成了一个范围很大的游览区。

　　慈恩寺是唐太宗的太子李治（唐高宗），为纪念他死去的母亲文德皇后，于648年创建的。由于这是皇家主持修造的寺院，因而特别豪华富丽。《大慈恩寺三藏法师传》说此寺共有"重楼复殿云阁洞房凡十余院，总一千八百九十七间"，都是用枌榈（棕榈）、橡樟等木料修筑而成，上边装饰着珠玉金翠和五颜六色的彩绘。相传，吴道子、尹琳、阎立本、郑虔、王维等著名画家，都在慈恩寺内作有壁画。[①]

　　慈恩寺建成四年多以后，根据玄奘的建议，才于唐高宗永徽三年（652年），在寺内修建了高大的佛塔。

　　玄奘是我国古代著名的僧人，他于629年前往天竺（今印度）取经，沿途拜师求法，费了四年时间，历尽艰难险阻，才到达北天竺的那烂陀寺。由于他能够刻苦学习，在这里很快成为出类拔萃的佛学专家。相传，有人去寺中要与佛僧论战，但过了几天，无人敢于应战。最后还是玄奘出面，驳倒了那个人。又相传，支持那烂陀寺的戒日王，曾召集五天竺的佛教徒和异教徒数万人开大会，在会上宣读了玄奘的论文，并让大家

---

① 见《历代名画记》。

提出不同意见，进行答辩。可是开了十几天会，没有一个人出来辩论反驳，因而他被公认为当时佛教理论的权威。唐太宗贞观十九年（645 年），玄奘带着六百余部梵文经卷回到长安，立即开始了紧张的翻译工作。他"无弃寸阴"，每天计划完成的任务，若白天有事耽误了，晚上一定要补上。[①] 这样夜以继日地翻译了十九年，共译出经、论七十五部，合计一千三百多卷。由于他精通汉、梵两种语言文字，又深明佛理，因而译文详明准确，顺理成章，使佛经翻译事业达到了新的高峰。玄奘又根据自己在西方各地耳闻目睹的情况，写成了一部有关南亚、西南亚各地，特别是有关印度的历史、地理、风土人情的名著《大唐西域记》。这本书为各国学者所重视，早已被翻译成英、法、日等国文字。

当时，玄奘被尊称为"三藏法师"。唐代之后，他不畏艰险前往印度学习佛法的故事，广为流传。宋、元时期，人们开始把这些故事加以神化。明代的著名小说家吴承恩，更在宋《大唐三藏取经诗话》话本和元、明之际杨景贤的杂剧《西游记》，以及稍晚的《西游记平话》等书的基础上，写成了脍炙人口的著名神话小说《西游记》。

玄奘作为一位学者、翻译家和旅行家，在增进中外人民友谊和促进中外文化交流中，曾经发挥过重要的作用。

玄奘在翻译佛经的过程中，于 652 年亲自设计并指导施工，在慈恩寺内修起了一座佛塔，这就是最早的大雁塔。塔的表面砌砖，中心是土，共五层，高一百八十尺。[②] 玄奘将他从印度带回来的梵文经卷和佛像，藏在塔中。

---

① 见《大慈恩寺三藏法师传》。
② 见《大慈恩寺三藏法师传》。

大慈恩寺

　　大约由于质量不好的原因，这座砖表土心的塔仅仅存在了四五十年便逐渐坍塌，因而在武则天长安年间（701—705年）又彻底拆除改建，全部用砖砌成。

　　大雁塔重修以后的层数和高度，在唐、宋人的记载中很不一致。唐代宗时人章八元《题慈恩寺塔》诗中有两句："十层突兀在虚空，四十门开面面风。"大雁塔每层开四个门，当初高十层，所以有四十个门。宋人张礼在《游城南记》中也说，此塔于长安年间倒塌，武则天与王公贵族出钱重修，高至十层。可是宋人王洙却在注解杜甫《同诸公登慈恩寺塔》题下引唐人韦述《两京新记》说，慈恩"寺西院浮屠六层，高三百尺"①。宋敏求《长安志》中引用的大概与王洙所用为同一来源的材料，因而也说这座塔"六级，崇三百尺"。另外，与韦述同一时代的诗人岑参，在他的《与高适薛据同登慈恩寺浮屠》中又说："四角碍白日，七层摩苍穹。"综合上边这些说法看，玄奘最初修的五层塔高一百八十尺，再增加一层或两层，都很难高到三百尺。因而似乎可以肯定，"六级"或"七级"都是"十级"之误，三百尺应该是十层塔的高度。张礼《游城南记》还说：自从战争兵火以后，塔只留下了七层。长兴年间（后唐明宗年号，930—933年），西京留守安重霸

大雁塔前的玄奘法师雕像

又整修了一次。这里说的"兵火"，应当指的是904年朱温强迫唐昭宗迁都洛阳时，对长安进行了毁灭性的破坏，因而塔也遭到破坏的事。安重霸将残留下来的七层塔加以修整，以后就再没有大的改变了。

塔是梵语"窣堵波"缩略了的或者说不确切的音译，中国古代又译作"率都婆""浮屠""浮图""佛图""塔婆"等。岑参、杜甫等盛唐诗人关于大雁塔的诗题或作"慈恩寺浮图"，或作"慈恩寺塔"，但都很少用"雁塔"这个名称。《大慈恩

---

① 见《分门集注杜工部诗》第八卷。

寺三藏法师传》中详细叙述造塔经过，也没有提到玄奘设计的塔名叫"雁塔"。唐代中叶以后，才多用"雁塔"一名，如唐文宗时人许玫有诗《题雁塔》。唐昭宗时徐夤《塔院小屋四壁皆是卿相题名因成四韵》诗开头云："雁塔搀空映九衢，每看华宇每踟蹰。"这大概就是很好的例证，可以看出，把"雁塔"作为专有名词，是比较晚的。

关于"雁塔"名称的来源，有许多传说。一种是佛教中的神话。相传，印度佛教原分大乘、小乘两大派，大乘教不吃肉，小乘教吃肉。玄奘前往取经的那烂陀寺属大乘教。那烂陀寺附近有一座小乘教佛寺。一天，这座佛寺中的做饭僧人买不到肉吃，非常焦急，正在无可奈何时，看见天上有一群大雁飞过，便仰面对着群雁开玩笑说："今日僧房无肉吃，菩萨应该知道！"僧人话音未落，引头的雁便折断翅膀，坠落地上。于是全寺僧人大惊失色，互相传告："此菩萨也！"他们立即在雁落的地方修起了一座高塔，并把雁尸埋在塔下。这座塔便被人称为"雁塔"。寺内的小乘教僧人，从此也不吃肉了。① 人们就是根据这一传说，将慈恩寺塔改称雁塔的。另一种说法是：在西方达㑋国的一座佛寺中，"穿石山作塔五层，最下一层作雁形，谓之雁塔"②。长安慈恩寺在最初修塔时，玄奘曾经建议用石块做建筑材料，修成三十丈的高塔。由于工程太大，唐高宗没有采纳，只修了五层的砖表土心塔。大概玄奘当初设计的就是雁形石塔。虽然这个计划没有实现，但名称却保存了下来，后来逐渐传播开去，雁塔便成了这座塔的专用名称。还有

---

① 见《大慈恩寺三藏法师传》。
② 《关中胜迹图志》引《天竺记》。

一种说法是，唐代中叶以后，新考中的进士都在慈恩寺塔下题名留念，由于这些名字"妙有行列，婉若雁阵"，因而逐渐就把塔称为"雁塔"了。

明代以后，科举考试及第的文、武举人，也分别聚集在慈恩寺和荐福寺的塔下，效法唐代及第进士在塔下题名留念，也称为雁塔题名。[①] 大约为了区别文、武举人题名地点的不同，后来人们便根据塔的大小，将慈恩寺和荐福寺中的两座塔分别称为"大雁塔"和"小雁塔"了。

唐代慈恩寺的各个庭院中，栽植了很多花木。其中，要算牡丹花最为出色。《南部新书》记载，慈恩寺元果院有早开半个月的紫牡丹，太真院又有与同类花相比迟开半个月的白牡丹，这就吸引了更多的游客。官僚贵族每年春季乘车骑马前往各地看花，成为当时长安盛行的风气。正如唐人裴潾在慈恩寺墙壁上题诗中说的："长安豪贵惜春残，争赏先开紫牡丹。别有玉杯承露冷，无人起就月中看。"那饱含着冷露的皎洁的"玉杯"，指的就是白牡丹。

富贵人家还不惜用很高的代价栽培和购买牡丹花。白居易在《秦中吟十首·买花》诗中，深刻地抨击了这种奢侈靡费的情况：

> 帝城春欲暮，喧喧车马度。
> 共道牡丹时，相随买花去。
> 贵贱无常价，酬直看花数。
> 灼灼百朵红，戋戋五束素。
> 上张幄幕庇，旁织巴篱护。

---

① 见[明]李楷：《河滨文选·荐福寺小塔记》。

大雁塔

水洒复泥封，移来色如故。

家家习为俗，人人迷不悟。

有一田舍翁，偶来买花处。

低头独长叹，此叹无人喻。

一丛深色花，十户中人赋！

唐代进士及第的士子通常先在杏园饮宴，再到大雁塔去题名留念，然后或者畅游曲江池，或者去月登阁打马球。月登阁在今天西安东南郊的浐河西岸，至今仍然是一座村庄的名字。

"雁塔题名"，被唐代知识分子看作一件非常荣耀的事。白居易二十七岁考中进士后，在游慈恩寺时就得意地高唱："慈恩塔下题名处，十七人中最少年。"①

大雁塔自五代的安重霸重修后，历代仅仅更换了一些败砖，补砌了塔檐，整个式样没有改变。

唐代诗人，如杜甫、高适、岑参、储光羲、章八元、李洞、徐黄等，都曾经登塔赋诗，从不同的角度，描写了它雄伟的气概。如岑参的《与高适薛据同登慈恩寺浮图》，就是一幅很好的雁塔及其背景的写生画。诗是这样写的：

> 塔势如涌出，孤高耸天宫。
> 登临出世界，磴道盘虚空。
> 突兀压神州，峥嵘如鬼工。
> 四角碍白日，七层摩苍穹。
> 下窥指高鸟，俯听闻惊风。
> 连山若波涛，奔凑似朝东。
> 青槐夹驰道，宫馆何玲珑。
> 秋色从西来，苍然满关中。
> 五陵北原上，万古青濛濛。
> 净理了可悟，胜因夙所宗。
> 誓将挂冠去，觉道资无穷。

此外，如杜甫的"高标跨苍穹，烈风无时休"②，和许玫的"灞陵车马垂杨里，京国城池落照间"③等，也都是描绘大雁塔和在塔上所见长安一带景色的名句。

玄奘在慈恩寺翻译出大量印度佛经后，请唐太宗为这些经文写了《大唐三藏圣教序》，太子李治又作《述三藏圣教序记》

---

① 见《唐摭言》。
② ［唐］杜甫：《同诸公登慈恩寺塔》。
③ ［唐］许玫：《题雁塔》。

一文。653 年，由著名书法家褚遂良将两篇文章书写后，刻碑立于塔下南壁左右券洞内。西侧的碑文从右向左读，东侧的碑文从左向右读，二碑以塔为中心，东西对应。这种特殊的安排，说明两块碑石是专为此塔而刻的。大约碑文刻好后，就一直立于此处。另外，僧怀仁又按《大唐三藏圣教序》的内容，集王羲之字，刻石立于弘福寺内。现在这通碑刻，保存在西安碑林博物馆中。

今天从西安火车站一下车，就可以望见正南方向十数里外高入云天的大雁塔。它如今所在的大慈恩寺，是明宪宗成化二年（1466 年）利用唐代慈恩寺西院旧址重修的。寺门里，以雄伟的大雁塔为中心，周围一幢幢古色古香的庙宇建筑，掩映于青槐古柏之间；碧空下，竹丛花径中随处有供游人休息的石磴。这里依然是西安最吸引人的游览场所之一。

大雁塔从平地到塔顶，共高六十四米左右。这是一座仿效木结构的方形七层楼阁式砖塔，各层墙壁面上都有部分突出墙外的隐柱和柱顶的斗拱、栏额及塔檐。檐四角悬挂的铁钟，在风中叮当作响。

砖隐柱使塔各层的墙面，从外表看形成了一个个开间，自下而上，间数逐渐减少，宽度也逐渐缩小：第一、二层，每面砌隐柱十个，将塔面分成九间；第三、四层为八柱七间；第五、六、七层为六柱五间。塔顶修成巨大的宝瓶形状。全塔整个为四方锥形，庄严稳重，气魄宏大。塔第一层周长一百米左右，四面砖券门洞的青石门楣、门框、门槛上满布唐代的线刻画：蔓草飘风，云龙飞舞；佛像体态丰盈，神情优美。特别是西门楣上的佛教建筑图，流丽工整，细致入微，连重檐、斗拱、筒瓦、檐角铁马、屋内立柱等建筑细部，都刻画得清清楚楚。这些线刻画，是研究当时建筑工艺和佛教艺术的珍贵资料，属于现存唐代线刻画的最上乘。

由南塔门走进去，顺着盘旋而上的楼梯，可以攀登塔顶，各层四面都开有砖券拱门，极便于向外眺望。大雁塔到今天依然是这一带最高的建筑物，从顶上远望，南边那雄伟的终南山，恰似苍翠的屏障一般。北方烟雾中隐约可见的白色飘带，是东流的渭河。塔四周千顷碧波，万户炊烟；城市繁忙，原野恬静；朝霞彩云，雁过长空。万千气象，都来眼底。可以体会到："渭水寒光摇藻井，玉峰晴色上朱阑"[①] 和 "却怪鸟飞平地上，自惊人语半天中"[②] 等古人诗句，都不是没有根据的虚夸之词。

由大雁塔向西北方向瞭望，可以清楚地看到小雁塔。这座塔在唐代位于荐福寺中，因而唐、宋时期一直被称为"荐福寺塔"。

荐福寺在唐代长安皇城南朱雀门大街东侧的开化坊内，创建于684年，最初名叫大献福寺，690年改为大荐福寺。707年，唐中宗时期在开化坊对面安仁坊的西北角修建了佛塔。塔院门向北开，正好与荐福寺门隔街相对。经过唐代末年兵火以后，荐福寺搬到了塔院中，就是今天小雁塔所在的地方。

这座塔表里全部用砖砌成，原来一共十五层，为密檐式建筑，玲珑秀雅，与雄伟壮观的大雁塔交相辉映，各有特色。

唐代另一位著名僧人义净，曾在荐福寺翻译了他从印度带回来的大量佛经。义净于671年从海路前往印度，在那烂陀寺学习；归途中又曾在今天印度尼西亚的苏门答腊岛长期居住，

---

① ［唐］卢宗回：《登长安慈恩寺塔》。

② ［唐］章八元：《题慈恩寺塔》。

小雁塔

到 695 年才返回祖国；先后在洛阳的佛授记寺、福先寺，以及长安的西明寺、荐福寺，从事翻译工作；713 年，圆寂于荐福寺，遗骨埋在洛阳北原上。

义净同样是一位学识渊博、影响很大的翻译家和著作家。他根据自己多年的经历写成的《大唐西域求法高僧传》和《南海寄归内法传》，为我们保存了唐代中国与南亚、东南亚各国文化交流的珍贵史料。

义净虽曾在几个寺院居住，葬地也不在长安，但《高僧传》中记述他的部分称为《大荐福寺义净传》，这大概是因为义净的翻译工作主要是在荐福寺进行的。唐大荐福寺虽早已荡然无存，而曾经见过义净勤奋工作情况的荐福寺塔，却依然耸立在古城西安之南。

小雁塔经历了古代两次大地震，被震毁两级，虽震开裂缝，却未倒塌。这除了塔身结构坚固等特点外，还特别因为塔下地基被夯筑成半球体，能使震动力均匀分散。这充分显示了中国

小雁塔周围风光

古代工匠们的建筑技巧。

　　小雁塔为正方形，高四十五米。塔下南、北入口处的弓形石门楣上，有精美的线刻蔓草花纹和天人供养像。经过大力整修，加固了塔身，重新安装了楼板扶梯，这座饱经风霜的古塔又获得了新生。当游人从塔顶观赏西安市区风光时，由于距离较大雁塔近，因而也更加真切，别有风味。

　　今天，在秀丽的小雁塔下，古典式的亭台楼阁四周，围绕着草坪花丛、苍劲的松柏和盘曲的唐槐，再加上许多稀有的古代碑石，就构成了一个很好的学习研究和参观游览的胜地。

# 曲江池与芙蓉园

从大雁塔往东南方向走一里左右，就到了曲江池西岸。今天大雁塔东北有一个名叫北池头的村子，应当是原来曲江池的北岸。

古代曲江池是旷野中的一个大池塘，由于池水弯曲，所以称为曲江。秦代把曲江边岸头叫作隑[1]州。"隑"是弯弯曲曲的意思。秦时在这里修了离宫宜春苑，汉代又在附近修了乐游苑。隋代之后，曲江池成为长安城的一部分，大加开凿疏浚，并通过黄渠把浐河水引入池中。

为什么隋朝要在这里深挖水池呢？由于长安城东南高西北低，在皇帝"至高无上"的封建社会中，不能允许一般人住在比皇帝更高的地方，因而特别把那里挖成深池。当时把这种愚蠢的做法叫作"厌胜"[2]，以为这样可以保证隋文帝的"王者之气"不受威胁。所谓"厌胜"，是古代方士的一种骗人的巫术，他们鼓吹能用一种符咒和有针对性的办法，制伏敌对的仇人或事物。后来迷信多疑的隋文帝连"曲江"这个名称都觉得不吉利，而改名为芙蓉园和芙蓉池。到唐玄宗时，又进一步疏凿增修，恢复了芙蓉园外曲江池的名称，新建了位于曲江池西、慈恩寺南的杏园。

芙蓉园、芙蓉池大约是皇家专用的内苑，曲江池和杏园才

---

① 隑，古作"隘"，在这里的意思是"埼"。
② 见［宋］宋敏求：《长安志》。

是一般官僚贵族和老百姓可以任意出入游览的外苑。士子考中
进士后的曲江宴和皇帝赐大臣的曲江宴，都只能设在外苑，要
进芙蓉园必须得到皇帝特许。《唐摭言》中有一个故事。873年，
唐懿宗在位时，一位刚考中的名叫韦昭范的进士，三月中旬在
曲江亭子进行宴会。忽然有一少年骑着驴子走来，口出恶言，
扰乱筵席。大家正在无可奈何时，旁观的宣慈寺守门人将那个
恶少痛打一顿。后来芙蓉园所属的紫云楼大门突然敞开，出来
几名宦官把少年救了进去。这说明一般人是不能随便进入芙蓉
园的。唐代李绅在《忆春日曲江宴后许至芙蓉园》一诗中说：
"春风上苑开桃李，诏许看花入御园。香径草中回玉勒，凤凰
池畔泛金樽。绿丝垂柳遮风暗，红药低丛拂砌繁。归绕曲江烟
景晚，未央明月锁千门。"诗人在皇帝特许下进入芙蓉园游乐
饮宴，很晚才离开，月色朦胧中，芙蓉园都锁上了大门。这表
明芙蓉园与曲江池有严格的区别，不是一般人赏游之地。此外，
从杜甫的"苑外江头坐不归"[1]和"城上春云覆苑墙"[2]等诗句，
同样可以看出芙蓉园有与外部隔开的围墙。而且从长安城上的
云彩覆盖着芙蓉园围墙的这一描写看，它的位置是紧靠长安外
郭城的。

　　由于芙蓉园与城北数十里的皇家禁苑相比要小得多，所以
又叫小苑。杜甫《秋兴》诗中所说"花萼夹城通御气，芙蓉小
苑入边愁"指的就是这里。"花萼"指兴庆宫中的花萼相辉楼。
前边已经提到，唐玄宗于726年和732年，分别修了向北通
大明宫和向南通芙蓉园的供皇帝在里边行走的夹城。这一"夹

---

① ［唐］杜甫：《曲江对酒》。
② ［唐］杜甫：《曲江对雨》。

唐代张萱《虢国夫人游春图》（宋摹本）

城"，是在东郭城内侧修了一条与郭城平行的城墙，皇帝在二城之间的夹道中往来行走，外边人看不见。当夹道经过东城墙上的通化、春明、延兴三座城门时，由特别设置的磴道，登上城楼通过，与城门下的行人出入互不干扰。夹城最南端到芙蓉园的地方，后来开了个城门叫新开门，现在当地还有一座叫新开门村的村庄。由这座村子往南走，不远处地势逐渐低洼下去，那应该就是芙蓉园的遗址了。

　　1955 年，考古工作者发现，夹城遗址位于东郭城西边二十三米的地方，与东郭城平行，北从今天西安东郊的胡家庙北边开始，向南直到新开门村的北部，长约八公里。它的长度和墙基夯土面的宽度、深度，都与东郭城基本相同。这说明它的高度，也是与郭城相近的。有这样高大的夹城和翻越城门的特殊设施，难怪皇帝在这里边行走，外边人看不见了。这么宽敞的夹道中，可以并行几辆马车。杜甫诗"青春波浪芙蓉园，白日雷霆夹城

仗"①，杜牧诗"六飞南幸芙蓉苑，十里飘香入夹城"②，都形象地反映了宽阔的夹城在皇宫与芙蓉园之间的联系作用。

在汉武帝时期，沿曲江池走一圈有六里多路；到唐代扩大到周长七里，占地十二顷。③这里碧波荡漾，花木茂密，有许多五光十色的亭台楼阁，是唐代长安的一个游览中心。文献记载，曲江池自从唐玄宗开元年间（713—741 年）疏浚整修后，成为长安的名胜。它的南边有紫云楼和芙蓉园，西边有杏园、慈恩寺，花卉环绕，烟水明媚。每年二月初一和三月三日的"中和""上巳"两个节日，来游玩的人最多。那时候，人挤人，车碰车，堤岸上到处是彩绸搭成的棚帐。三月三日这一天，皇帝在曲江池宴请群臣，万年、长安两个京县在这里竞拼豪华，

① ［唐］杜甫：《乐游园歌》。
② ［唐］杜牧：《长安杂题长句六首·其五》。
③ 见《雍录》。

曲江池公园（谢伟供图）

满眼是锦绣丝绸和珍奇玩物。朝廷大官们聚会的山亭上，有皇家乐队在那里演奏；池水中几条结彩的大船，专供宰相等少数贵官与翰林学士乘游。到了夏天，曲江池碧波荡漾，蒲苇葱翠，柳荫四合，风光秀丽，游客们络绎不绝地来这里饮宴游赏。①

可以看出，当时能在这里宴游的主要是官僚贵族和一些封建文人。他们特别把能参与皇帝举行的曲江游宴看作极大的荣耀。白居易就曾经受宠若惊，喜不自胜地说：上巳日这一天先得在宫内奉陪皇帝吃饭，然后被允许去曲江游乐，欣赏皇家乐舞，品尝皇家茶点，"荣降天上，宠惊人间"②。这不能不说是诗人庸俗的一面。

唐代诗人曾经用大量的笔墨，从不同的角度来描绘曲江不同季节的绮丽风光。这里仅仅引用杜甫和白居易的部分诗句作

① 见《关中胜迹图志》引《剧谈录》。
② ［唐］白居易：《三月三日谢恩赐曲江宴会状》。

为例子："冰销泉脉动，雪尽草芽生。露杏红初坼，烟杨绿未成。"[1] 冰消雪融，泉水流动，小草抽出了嫩芽，红杏的花苞刚刚绽开，柳枝开始染上绿色。这是一幅充满了生机的曲江早春图。当春暖季节，"桃花细逐杨花落，黄鸟时兼白鸟飞"[2]，"雀啄江头黄柳花，鵁鶄鸂鶒满晴沙"[3]，"林花着雨燕脂湿，水荇牵风翠带长"[4]，真正是百花吐艳、群鸟争鸣的世界。春残花落，诗人不免伤情感叹，但新的画面也会跟着出现在眼前。请看"一片花飞减却春，风飘万点正愁人。且看欲尽花经眼，莫厌伤多酒入唇。江上小堂巢翡翠，苑边高冢卧麒麟"[5]；"穿花蛱蝶深深见，点水蜻蜓款款飞"[6]，景色还是很动人的。"秋波江蓼水，夕照青芜岸"[7]，"曲江萧条秋气高，菱荷枯折随风涛"[8]，这又是早秋和晚秋时节特有的风光了。

北宋初年，曲江池依然可以泛舟游览[9]，水量还相当大。到明代以后，由于年久失修，水道和泉眼堵塞，池水就逐渐干涸了。现在曲江池遗址区是一个面积达数十万平方米的大坑，挖下去七八尺，往往能挖出沙石、蚌壳，就是当时的池底。

---

① ［唐］白居易：《早春独游曲江》。

② ［唐］杜甫：《曲江对酒》。

③ ［唐］杜甫：《曲江陪郑八丈南史饮》。

④ ［唐］杜甫：《曲江对雨》。

⑤ ［唐］杜甫：《曲江二首》。

⑥ ［唐］杜甫：《曲江二首》。

⑦ ［唐］白居易：《曲江早秋》。

⑧ ［唐］杜甫：《曲江三章章五句·其一》。

⑨ 见［宋］钱易：《南部新书》。

# 黄巢起义军进长安

　　安史之乱后，唐王朝开始走下坡路，封建统治阶级也愈加腐败。如唐懿宗喜好音乐宴游，皇宫里经常有近五百乐工随时准备为他演奏。他每月都要举行十几次盛大的宴会，宴席上山珍海味，样样齐备。只要他高兴，无论是曲江池、昆明池、临潼、咸阳、灞河、浐河、南宫、北苑，说去马上就得动身，管事的人时时刻刻都得准备好音乐、饮食和帷帐等。每次出游，扈从的有十多万人，花费的钱财没法计算。[①]唐懿宗的女儿同昌公主结婚时，皇帝赏给她五百万贯钱和很多皇家宝物。她家的门窗上镶满了五光十色的宝石，连井栏、药臼、食柜、水槽、盆瓮等器物，都是用金银制成的。同昌公主病死后，送葬的队伍长达二十多里，而且又把许多金银珠宝塞进了她的坟墓。一位公主的生活，就这样的奢侈豪华，可想而知，整个皇家贵族为了满足他们没有穷尽的欲望，给人民带来了多么大的灾难。

　　上行下效，各级官吏同样竞相奢靡。唐懿宗时的翰林学士刘允章在《直谏书》中曾指出：当时的百姓由于官吏苛刻、赋税繁多、层层盘剥，而缺衣少食，饥寒交迫。[②]晚唐诗人杜荀鹤曾在《再经胡城县》诗中记述，"去岁曾经此县城，县民无口不冤声。今来县宰加朱绂，便是生灵血染成"，也深刻地反

---

① 《资治通鉴·懿宗皇帝》。
② 见《全唐文》第八〇四卷。

映了地方官吏踩着百姓尸骨爬上去的这一血淋淋的事实。

唐代中期后，土地兼并已经非常严重，因而经营大庄园成为官僚地主剥削农民的主要手段。当时，长安城四郊布满了叫作庄、别庄、别墅、别业、山池、园林、柴庄、脂粉庄、养马庄等不同名称的庄园。唐玄宗时薛王李业、宁王李宪、驸马崔惠童、宰相李林甫，都在城外占有面积很大、台榭花木相互掩映的庄园。韩愈《游太平公主山庄》诗说："公主当年欲占春，故将台榭压城闉。欲知前面花多少，直到南山不属人。"刘禹锡《城东闲游》诗也说："借问池台主，多居要路津。千金买绝境，永日属闲人。竹径萦纡入，花木委曲巡。斜阳众客散，空锁一园春。"这些场所主要是供达官贵人消遣解闷，只附带生产花木、蔬果等。

生产粮食的庄园，大多在距离京城稍远的地方。如唐宪宗时的宰相权德舆，就在咸阳有巨大的田庄。他在《拜昭陵过咸阳墅》一诗中叙述那里的情况说："涂涂沟塍雾，漠漠桑柘烟。荒蹊没古木，精舍临秋泉。"①田畦中沟渠交错，桑柘成林，道路看不到头，清泉边上还有专备地主住宿的"精舍"。这是一座由人代管、纯生产性的庄园。唐代地主庄园，以这一类为最多。

大官僚还往往设有养马庄。唐末人孙樵在《兴元新路记》中记载：从陕西眉县到褒城之间，有一段一百多里长的地区，原来都是汾阳王郭子仪的私田，曾经在这里养了大量的马。②郭子仪是为唐王朝立过大功的人，属于超级地主。《旧唐书·郭

---

① 《权载之文集》第一卷。

② 见《孙樵集》第四卷。

子仪传》说，他家在长安的住房占了亲仁坊四分之一的面积，家人三千，出入相遇也不知道谁住在哪里。皇帝赏赐给他的良田、名园、甲馆、美器、珍玩、歌女多得数不清。所谓"家人三千"，主要是指给他管理家务、庄园的各类奴婢。

孙樵在同一篇文章中还说："眉（今陕西省眉县）多美田，不为中贵人所并，则籍东、西军，居民百一系县。"这是说，到唐代末期，大量的好田地都被宦官和皇帝的禁卫军所吞并。只有下余百分之一的农民，才是向政府交纳租税的自耕农。

唐代皇家禁卫军原有左右羽林军、左右龙武军、左右神武军，后来又增加了左右神策军、左右神威军，总称十军。庞大的禁卫军都在各地占有土地，这是唐末地主庄园制度进一步恶性膨胀的结果。至此，唐代的均田制已被破坏得干干净净了。

大大小小的地主庄园，迫使更多的农民变成了赤贫的佃户，甚至走上了逃亡的道路。晚唐诗人聂夷中在《咏田家》诗中，深刻地反映了他们的不幸遭遇：

> 二月卖新丝，五月粜新谷。
> 医得眼前疮，剜却心头肉。
> 我愿君王心，化作光明烛。
> 不照绮罗筵，只照逃亡屋。

人民被逼迫到无路可走时，只得揭竿而起，用武力去反抗地主阶级的残酷统治。762年之后，长江、黄河流域爆发了很多小规模的农民起义。唐懿宗咸通十四年（873年），河南、河北、山东和淮北地区大旱，农民以蓬子和槐叶充饥。曹州（治今山东省曹县北）一带流行着一首歌谣："金色蛤蟆争努眼，翻却曹州天下反。"[1] 874 年，王仙芝率三千人在长垣（今河南省长垣市）起义；第二年夏天，黄巢也带领数千人在冤句（今山东省菏泽市西南）响应，几个月时间，就发展到数万人。毁灭唐王朝的燎原大火，终于燃烧起来了。

878 年，王仙芝战死，他的部队与黄巢军合并。黄巢被推为"冲天太保均平大将军"。单是这一称号，就表明了农民军打富济贫、平分土地的强烈愿望。这与相传黄巢少年时所写《题菊花》"飒飒西风满院栽，蕊寒香冷蝶难来，他年我若为青帝，报与桃花一处开"[2]，在要求平均的总精神上，是完全一致的。

黄巢起义军以雷霆万钧之力，横扫地主阶级的反动武装，攻城破县，所向无敌。他们往南拿下了岭南重镇广州、桂州（今广西桂林市）等城市，转过身来又挥师北上。880 年十一月，义军攻克洛阳后，马不停蹄，立即向长安进发。当六十万义军开到潼关时，呼声震动山河，很快就冲破了这座军事要塞。告急的情报传到长安，吓得唐僖宗连宰相也没有通知，带着几个嫔妃和亲王出开远门向四川逃去。十二月三日（881 年 1 月 6 日），黄巢军占领昭应（今陕西省临潼区）后，唐王朝金吾大将军张直方带领文武官员数十人到灞桥向起义军"迎降"。十二月五日，黄巢军进入长安。

"革命是被压迫者和被剥削者的盛大节日。"[3] 当黄巢农民军从唐长安城东墙中间的春明门进入长安时，战士们一个个

---

① 《旧唐书·黄巢传》。

② 《旧唐书·黄巢传》。

③ 列宁：《社会民主党在民主革命中的两种策略》，《列宁选集》第一卷，人民出版社 1960 年版，第 601 页。

穿着新衣服，头上扎着红绸子，浩浩荡荡的队伍简直像流水一般。长安城内人民夹道欢迎，义军将领尚让代表黄巢向群众庄严宣布："黄王起兵，本为百姓，非如李氏不爱汝曹。汝曹但安居毋恐。"[1] 同时，他把很多财物送给贫苦百姓。

十二月十三日，黄巢在大明宫含元殿即皇帝位，登上丹凤门城楼，正式宣布国号为"大齐"，年号为"金统"；大赦罪犯，禁止随便杀人；任命尚让为太尉兼中书令，孟楷、盖洪为左右仆射兼左右军中尉，朱温等为诸卫大将军四面游奕使，皮日休为翰林学士。黄巢同时命令唐王朝三品以上的官员一律停职，四品以下的照旧录用。农民军从攻下洛阳、过潼关，到进入长安，前后不到一个月时间，真正是摧枯拉朽，势如破竹。

除了前边所说平民百姓夹道欢迎黄巢军的热烈场面以外，历史记载，唐太极宫内数千名被囚禁、受歧视、受迫害的宫女，也自动跑出来迎拜黄巢。[2] 唐末人司空图在他的《司空表圣集》中，还记载了有关人民信赖农民军的故事。当黄巢进入长安后，司空图先藏在杨琼家。十二月九日，司空图想换一个地方藏身，刚出门，看见一人拿着武器把守大门。这人不是别人，正是原来为他赶车的段章。段章已成为农民军的一员，说他的上司张将军喜欢知识分子，并劝司空图投降。司空图不干，段章也没有再难为他。可以想见，当时长安城内必然有很多像段章这样的劳动人民，参加了农民队伍。

自然，唐王朝的官僚贵族是不甘心于他们的失败的。他们处心积虑地进行破坏捣乱，给新政权造成了很大的困难。如

---

[1] 《资治通鉴》第二五四卷。

[2] 见《新唐书·黄巢传》。

前边提到的那个金吾大将军张直方，一边假惺惺地带领文武官员向义军投降，一边把很多反动官僚藏在永宁里自己家中，准备叛乱。将作监郑綦、郎官郑系等都顽抗到底，全家自杀。另外，还有很多官僚伪装成小商小贩，逃往外地，伺机反扑。黄巢发现这些人的阴谋后，虽然镇压了一批，但很不彻底，留下了后患。

黄巢新政权不仅遭到长安城内官僚地主的破坏，城外的敌人也在猖狂反扑。如前文中提到的那个出身神策军将领家庭、名叫王处存的大富豪，当黄巢军进长安后，他如哭丧一般，痛不欲生，自动分部下兵两千人去保卫唐僖宗；又四处奔窜，联络各地武装包围长安。后来他连续派人送礼，终于把驻扎在晋北的李克用这支野蛮的沙陀族部队搬来围攻长安。

从以上叙述可以看出，黄巢在长安时期的最大的错误，就是没有乘胜追击溃散中的敌人，致使唐僖宗得以安然逃往四川，形成了新的中心，也使得各地的敌人得以互相勾结，从容搬兵，反扑上来。这实在是极为深刻的历史教训。在这关键的时刻，又加上黄巢驻守同州（治今陕西省大荔县）的部将朱温叛变投降唐朝，更使义军处于非常不利的地位。因而后来的梁田陂（今陕西省渭南市华州区西）、零口（今陕西省西安市临潼区东）、渭桥（今陕西省西安市高陵区南）三次大战中，农民军都未能取得胜利。883年，在敌军重重包围下，城中弹尽粮绝，黄巢军被迫退出长安。884年夏天，黄巢在敌军的步步追逼下，退到泰山狼虎谷（今山东省济南市莱芜区西南），战败自杀（一说为甥林言所杀）。

唐末诗人韦庄所写的长诗《秦妇吟》，主要反映了作者对农民起义军的敌视立场，但从里边可以看到当时长安的一些真实情况。诗云："长安寂寂今何有？废市荒街麦苗秀。采樵斫尽杏园树，修寨诛残御沟柳。华轩绣毂皆销散，甲第朱门无一半。含元殿上狐兔行，花萼楼前荆棘满。昔时繁盛皆埋没，举目凄凉无故物。内库烧为锦绣灰，天街踏尽公卿骨。"这是黄巢军离开长安后，韦庄眼中长安的情景。"甲第朱门无一半"和"天街踏尽公卿骨"等句，正好说明农民军打击的对象是官僚贵族。但诗歌后半段所说长安城内宫殿建筑等被严重破坏的情况，清人赵翼在他综合史书所写的《廿二史札记》中有一段叙述。黄巢军进长安后，各大街和宫室建筑还大体完好。自从各路救援唐王朝的士兵攻入长安后，争抢财货，互相攻杀，焚烧房屋。坊市被毁掉了十之六七，

魏峨的秦岭见证历史兴衰

大明宫只剩下了含元殿一座建筑。此外，太极宫、兴庆宫还比较完好。唐昭宗时期，又经过王重荣、李克用、李茂贞等军阀的混战和破坏后，长安的宫殿和坊里建筑就基本上被破坏完了。韦庄在《秦妇吟》中所写的，正是长安这一时期的情景。唐人杨玢，在唐昭宗李晔被强迫迁都洛阳后所写的一首诗中，也提到"试上含元殿基望，秋风秋草正离离"。荒芜的状况，恰可与韦庄诗互相印证。

　　黄巢农民起义军从几千人发展到几十万人，他们打着"均平"的旗帜，在长达十年的时间里，足迹遍布了今天的山东、河南、安徽、湖北、湖南、江苏、浙江、江西、福建、广东、广西、陕西等十几个省区，猛烈地冲击了唐朝的统治。由于历史条件的限制，黄巢起义以失败告终。

# 失去了首都地位的古城：
# 宋元时期的长安

唐代末年，虽然以黄巢为首的农民大起义失败了，但唐王朝已成空架子，大权落入各地藩镇手中。经过几次混战后，唐昭宗也完全被大军阀朱温（朱全忠）所控制。朱温为了把政治中心搬到自己的势力范围之内，以利于他随心所欲地控制局势，便逼迫昭宗迁都洛阳。临出发前，他命令拆毁长安所有的建筑物，将木料编成木筏，顺渭水、黄河漂往洛阳，并强迫城内居民一起东迁。朱温是当时的宰相崔胤为了与宦官韩全诲等人争夺权力而召到京城的，结果造成了这么大的灾难。因而，当时长安人民公开在路上大骂："国贼崔胤，召朱温倾覆社稷，俾我及此。天乎！王乎！"[1] 从此以后，长安不仅失去了首都地位，而且这座历史名城被彻底破坏。

唐代以后，为什么再没有朝代把长安作为全国的首都呢？除了朱温的彻底破坏这个直接原因之外，与洛阳一带处于全国比较适中的地理位置，以及当时江南各地经济迅速发展，也是有关系的。

从西周到唐朝，历代封建统治者虽然建都于关中地区，但对文化发展同样比较早、水平也比较高的中原地区，都曾给以很大的关注。如西周建都丰、镐后，就根据周武王的意见，很

---

① 《旧唐书·昭宗本纪》。

快在洛阳附近营建了洛邑。周人称丰、镐为"宗周",称洛邑为"成周",表明了两座城池的密切关系和对周王朝的重要性。当时也注意到洛邑"此天下之中,四方入贡道里均"①这一特点。到西汉、隋、唐时期,更进一步明确地把洛阳定为东都,全国的政治中心在西京长安,而洛阳则是长安有力的辅佐。对东都的城市建设,也大体按首都的标准来要求。文献记载,隋、唐洛邑周长为六十里左右,其中宫城、皇城、夹城、百官衙署一应俱全。隋炀帝、唐太宗、唐高宗、武则天等皇帝,都曾多次前往洛阳,特别是武则天在洛阳住的时间很长。从这里就可以看出,后来几个朝代以洛阳为都城,并不是很偶然的事。

如前所述,江南地区经济的大踏步发展,是国家都城位置变化的另一个重要原因。在唐代盛期,长安城中上百万居民所需要的粮食,已经要靠漕运江南一部分粟米补充。唐代中叶以后,扬州、益州(今四川省成都市)又发展成为全国最大的手工业中心,有"扬一益二"之称。五代十国(907—979年)时期,长江以南社会比较稳定,经济逐步上升,大量北方人民迁往南方。在这期间,除去后梁、后唐、后晋、后汉、后周几个朝代建都于今天河南省的开封或洛阳市外,其他如吴建都于今天江苏扬州市,前蜀和后蜀建都于今天四川成都市,楚建都于今天湖南长沙市,闽建都于今天福建福州市,吴越建都于今天浙江杭州市,南汉建都于今天广东广州市,荆南(南平)建都于今天湖北江陵县,都反映了政治和经济中心的变化。

政治中心的改变,还有一个重要原因,就是自从汉、唐时期以来,以长安为起点的丝绸之路,因为吐蕃和突厥等少数民

---

① 《史记·周本纪》。

族武装的干扰，逐渐被堵塞起来。所以，从唐代中叶以后，对西方各国的交通也逐渐由陆路转向海路。当时，浙江的明州（宁波）、福建的泉州、广东的广州、江苏的扬州等城市，已经成为中国与亚、非、欧各地人民交通往来的重要门户。这一切都促使长安失去了在全国的政治、经济和文化中心的地位。

长安失去首都地位后第一个显著变化，就是城区的急剧缩小。根据元代李好文《长安志图》的记载可以知道：唐昭宗被迫迁往洛阳后，904 年，驻守长安的佑国军节度使韩建，放弃了已被朱温彻底破坏的外郭城和宫城，仅将原来官署所在的皇城加以整修；封闭了皇城的朱雀（南城中门）、安福（西城北门）、延禧（东城北门）三座城门，北开玄武门；对唐代皇城的城墙没有改动。由于城区面积大大缩小，长安、咸宁（原万年县）两县的县治都留在了城外。这座新城，就是从唐末、五代，直到元朝的长安城。宋代在长安城内的设置，除了京兆府学（后来发展成为碑林）的位置可以确定在今天陕西历史博物馆所在的地方外，其余都已经无迹可寻了。元代把新的长安城称为"奉元城"。清代人编写《咸宁县志》时，根据李好文的《长安志图》考定："旧景风街即今东门大街，旧安上街即今南门大街，旧含光街即今长安含光坊。广济街、通政坊、马巷、府学、开元寺皆至今不改。报时楼即今鼓楼，钟楼即今迎祥观。"文中的"今"，是指清代初年的西安府而说的；文中的"旧"，则指的是唐皇城中原有的街道。这样看来，今天西安市南大街，应该就是唐皇城中的安上门街；而今天西安东大街西段，就在皇城中景风门大街一段的位置上。

元代除了奉元城外，在今天西安市东北大约三公里的地方还修了一座安西王府。这是 1272 年，元世祖忽必烈封他的第三子忙哥剌为安西王后，所修的新城。由于古代又把蒙古族人称为"鞑靼人"，所以至今当地农民把安西王府宫殿遗址叫作"鞑王殿"。

安西王府修成后不久，意大利古代著名旅行家马可·波罗就曾于 1275 年来这里游览。他在游记中描绘这座王府城说："（京兆府）城外有王宫，即上述大汗子国王忙哥剌之居也。宫甚壮丽，在一大平原中，周围有川湖泉水不少，高大墙垣环之，周围约五里。墙内即此王宫所在，其壮丽之甚、布置之佳，罕有与比。宫内有美丽殿室不少，皆以金绘饰。此忙哥剌善治其国，颇受人民爱戴。军队驻扎宫之四围，游猎为乐。"①这是作者亲眼所见的情景，因而也是关于安西王府最为真实的描述。

1957 年，中国社科院考古研究所对安西王府的城址和殿基进行了勘测、钻探，发现城基保存完好，全是版筑夯土，城周长四里多。在城址中央有一个庞大的夯土台基，高出地面二三米，上边有很多砖块和琉璃瓦片，这应该就是当年的宫殿遗址。在这里发现了五块铸有古代阿拉伯数字的方形铁块，五个铁块大小相同，其中四块挖出来的时候夹在凿刻得非常工整的两块方石中。据数学家研究，这是运用阿拉伯数字组成的"幻方"。幻方又名"魔方"或"纵横图"，是把从 1 到 $N^2$ 的自然数字排列成纵横各有 N 个数的正方形，使纵横各行以及对角线上的数字总和都相等，称为排列成 N 行的纵横图或幻方。我国汉代已经有三行的幻方，安西王府发现的这些幻方纵横各

① ［法］沙海昂注、冯承钧译：《马可波罗行纪》第一一〇章《京兆府城》，中华书局 2004 年版，第 431—432 页。

六行，各行数字的总和都是 111，这是迄今我们所知道的、记载有我国运用古代阿拉伯数字最早的文物材料。今天世界各国所用的统一的数字，都是由传入欧洲的阿拉伯数字演变而来的。这些元朝记载有幻方的实物的发现，对于我们研究阿拉伯数字的演变过程，以及古代中外文化交流情况，提供了极其珍贵的资料。

　　唐代以后，一直到元代的几百年间，长安的城治名称多次变更。例如，后梁时期改京兆府为雍州，设置大安府；后唐时又改大安府为京兆府；宋代在这里设置陕西路；金代改为京兆府路；元代称为安西路。1312 年，元仁宗时又改称奉元路。这一时期，长安各方面的情况基本上处于停滞状态。唯一值得注意的是，从宋代开始，逐步形成了现在驰名中外的西安碑林。

# 全国最大的石质书库：碑林

西安碑林博物馆位于陕西省，是集合我国优秀碑石最多的地方。它对保存古代文献和传统的书法艺术曾经发挥过巨大的作用。直到今天，这里仍然吸引着众多的中外游客和研究工作者。2008 年，西安碑林博物馆被评为第一批国家级博物馆。

碑林的历史最早可以追溯到北宋甚至唐朝末年。因为在今天碑林中占很大比例的《开成石经》等石刻，就是唐代末年集中到缩小以后的长安城中的。后世人把唐文宗开成二年（837年）刻的包括《周易》《尚书》《毛诗》《周礼》《仪礼》《礼记》《春秋左氏传》《春秋公羊传》《春秋穀梁传》《孝经》《论语》《尔雅》等儒家经典全文的一百多通碑石，称为《开成石经》。这批石刻和唐玄宗亲笔书写后刻成的《石台孝经》等，原来在唐长安城务本坊内的国子监里边。韩建缩小唐长安城后，这些石碑就散落到了城外野地里。在很多人建议下，从韩建开始，首先把《石台孝经》搬到城内原来唐尚书省的所在地（这里宋代改建为文庙）①，位置在今天西安市西大街社会路一带。后梁时期，驻守长安的刘鄩又将全部《开成石经》搬到了这里②。

到宋哲宗元祐年间（1086—1094 年），由于保存石碑的宋代长安文庙内地势低洼，经常积水，土地湿软，碑石经常仆

---

① 见西安碑林藏宋太祖建隆三年立《重修文宣王庙记碑》。
② 见西安碑林藏宋哲宗元祐五年立《京兆府新移石经记碑》。

倒受损，还有许多人为的破坏。漕运大使吕大忠等人才又组织人力，把碑石搬到宋代长安府学的北面，也就是今天陕西省西安碑林博物馆所在的位置。

碑林最初以保护唐代石刻为重点，据《京兆府新移石经记碑》记载，当时除石经外，同时迁来的还有颜真卿、褚遂良、欧阳询、徐浩、柳公权等人的书法碑刻和"偏旁字源"一类的碑石，给后来的碑林奠定了基础。

这次大概没有把全部碑石搬完，或者后来又往那里集中了一些碑石，因而直到西安解放前，颜真卿写的《郭氏家庙碑》

西安碑林

仍然立在宋代文庙的旧址中，而且在那里还挖出了颜真卿给他曾祖父写的《颜勤礼碑》和宋代刻的《兴庆宫图》等。这一带地下，很可能还埋藏着一些石碑。

从金、元、明、清以来，直到西安解放之前，碑林很少增加珍贵的碑石，因此在元骆天骧写的《类编长安志》、明赵崡编写的《石墨镌华》、清毕沅编写的《关中金石记》，以及近代人写的《续修陕西通志稿》这些著作中，记录的西安府学或碑林的重要唐代碑刻目录，都是基本一致的。在明、清两代五百多年历史中，碑林新增加的唐代著名碑石仅仅有《吴文残碑》《冯宿碑》《隆阐法师碑》《于孝显碑》《大秦景教流行中国碑》等几种。清代，碑林几乎成了一些官僚地主、无聊文人留名夸功、消遣娱乐的场所。他们刻了许多内容空泛，而又缺乏书法艺术价值的大碑塞在里边，实在是滥竽充数。

碑林最初的建筑情况，据《京兆府新移石经记碑》记载，里边"双亭中峙，廊庑回环，不崇不庳，诚故都之壮观，翰墨之渊薮也"。宋朝以后，历代对碑林的房屋建筑都曾进行过局部的整修。

骆天骧《类编长安志》记载，1231年和1277年，碑林碑石两次全部跌倒，但没有说明原因，想来损坏一定很大。1555年陕西发生大地震时，碑林遭受空前的破坏，大量碑石因摔碰断裂。仅《开成石经》中，就有四十块碑石断为两截。明万历十七年（1589年）刻的《重修孔庙石经记》说，曾对碑林进行了一次规模较大的整修，主要是为缺字的石经补刻了大小共九十七石，对石经原字因为长期拓印已经磨灭不清的，就按原字笔画重新加以剜刻。

清代的毕沅、吴大澂、端方等人，先后到陕西任巡抚时，

《石台孝经》碑

各带来一批文人幕僚，似乎都对金石文字有浓厚的兴趣，在这方面做了不少的工作。尤其是毕沅，在整理陕西文物古迹资料和推动金石文字研究上，有比较突出的贡献。仅就碑林来说，他主持整修了这里的房屋，添加了保护碑石的栏杆，调整了历代碑石的位置，并且规定了拓印范围和拓印时间。与前代比较，不仅整修范围广泛得多，而且在管理方法上也大有进步。

石灰岩制成的碑石文字，最容易受风雨的侵蚀而逐渐漫漶不清。许多碑刻向风面的文字，早已泯灭不见，而背风面却保存得比较好，就是这个道理。近千年来，这些珍贵碑石没有遭到重大损坏或丢失，又避免了风雨的侵害，不能不说碑林起到了很大的保护作用。

碑林中的名家碑刻影响深远，它们被拓成碑帖后，成为全国书法的楷模。清乾隆四十九年（1784年），一个叫赵钧彤的人在游览碑林后，写了一篇日记，大意说：碑洞（指碑林）位于城东南部府学的东面，里边藏有许多古今石碑。陕西人贩卖字帖遍布天下，全国各地乡村私塾中的师生大都知道西安有一个"碑洞"。这里多得成林的石碑，实在是一大奇观。从长巷走向府学，街两旁有很多出售字帖的店铺、小摊，字帖堆积得和墙一般高。大概由于储藏石碑的房屋狭小，屋内碑石林立，而且因为经常墨拓，碑石颜色发黑，所以碑林有"墨洞""碑洞"等不同的名称。碑林对全国书法艺术的普及和提高，无疑起了很大的推动作用。

新中国成立后，在人民政府的关怀下，这里的房屋建筑得到彻底整修，既保存了传统的特点，古色古香，而且宽敞明洁，美观大方。对所有的碑石，管理人员也按时代和类别做了科学的调整，并采取了防震加固措施。特别是近年来，许多新发现或新出土的珍贵碑石和墓志，又为古老的碑林增添了光彩。现在，这里的七个大型陈列室、六个碑廊和一座碑亭，里边共收藏汉、魏、隋、唐、宋、元、明、清等各个时期的碑、志等珍贵文物两千多件。其中，有许多在书法艺术上一直享有盛誉，几乎是临帖者无人不知的碑石：楷书的，如唐代欧阳询写的《皇甫诞碑》、欧阳通写的《道因法师碑》、褚遂良写的《大唐三藏圣教序碑》、颜真卿写的《颜氏家庙碑》和《颜勤礼碑》、柳公权写的《玄秘塔碑》；草书的，如隋智永书《真草千字文》、唐怀素书《千字文》、张旭书《断千字文》；隶书的，如汉《曹全碑》《汉石经周易残石》；篆书的，如唐李阳冰书《三坟记碑》《栖先茔记碑》等，以及唐怀仁集王羲之手书凑成的《大唐三藏圣教序碑》，都是久负盛名的杰作。此外，如赵佶书瘦金体《大观圣作之碑》和清代翻刻的《宋淳化秘阁帖》，也是难得的珍品。这些优美动人的书法，有的端庄凝重，有的刚劲挺拔，有的龙飞凤舞，有的柔媚婉约，再配上碑头或碑侧丰富多彩的浮雕和线刻图案花纹，就成为一通通图文并茂、书画俱佳的艺术品。面对这许多碑石，真好像走进了五光十色的珠宝店一般，使人目不暇接，美不胜收。

从一些碑刻中，还可以看到古代中外各国人民友好往来和文化交流的情况。例如，唐德宗建中二年（781年）刻的《大秦景教流行中国碑》，详细记载了属于东罗马基督教一支的景教，在唐代经由波斯人传到长安的经过，以及这些传教人的简历等。这通碑石在唐以后被埋入土中，直到明代末年才重新被发现，多年来一直为国内外学者所重视。其他如唐代所刻中尼合文《陀罗尼经幢》，是唐代我国人民和尼泊尔人民友好交往的实物例证；唐《广智三藏碑》，记载了一位印度僧人在中国的经历和佛教密宗传入日本的师承关系；用中文和巴利维文合刻的唐《苏谅妻马氏墓志》，则是中国古代人民与波斯人民友好相处的产物。

还有一些碑石，记载了农民为反抗封建统治阶级的残酷统治进行的英勇斗争。如《明德受记碑》上面刻有李自成农民政权的"大顺国"和年号"永昌"等字样，记载着当时陕西"小麦每斗二两四钱，米每斗二两六钱"和"人食人，犬亦食人"的凄惨景象。这是反映明末李自成领导农民起义时的社会背景的重要资料。清刻《张化龙碑》，歌颂了清末领导陕西扶风县一带农民反抗官府暴政的张化龙。明刻《感时伤悲记碑》和清刻《荒岁歌碑》等，反映了在官僚地主阶级压榨下广大农民的不幸遭遇。元刻《重修牛山土主忠惠王庙碑》《刘尚神道碑》和清刻《平利教案碑》，虽然是为封建统治阶级说话的，却能让我们从反面看到元代末年红巾农民军起义的壮举和清末陕西人民反对帝国主义侵略的事实。

大量的碑石为我们保存了无比丰富的古代文献资料。如唐《开成石经》总计六十五万多字，字字一笔不苟地刻在一百多通碑石上，笔画清晰，结构严谨。更特殊的是，每一经的开头都安排在碑石中部，上一石与下一石的内容紧密相连，因而各

唐代景云钟局部（谢伟供图）

石碑都有固定位置，一块也不能错放。《开成石经》犹如一座石质书库，它不但是当时校勘和阅读的范本，而且可以长久留传，对保存我国古代文献，起了很大的作用。面对这密密层层的碑石，你不能不想到古代劳动人民，为了完成这一巨大工程，付出了多少辛勤的劳动；你也不能不承认，这的确是古代雕刻史上的一大奇观。

　　碑林中从北魏到唐、宋时代的碑石上，还保留着许多雕刻精美的图案花纹。如唐《大智禅师碑》的两侧，人物、凤凰交错于蔓草之中，画面生动活泼，富于变化。《石台孝经》是用四块巨大石板拼合成的一个四面长方形的石碑，竖立在三层石台上，不仅结构奇特，气势也很雄伟。碑头上那卷云中盘曲的长龙，似乎就要驾云凌空而去了。碑下的三层台阶式碑座上，刻有富丽的花纹图案。那迎风的蔓草、飞卷的云片和雄姿勃勃的狮子……都充满了生命活力，表现了盛唐时期朝气蓬勃的艺术风格。

看过这琳琅满目的陈列室之后，你就会同意称誉这里为"碑石的森林""书法的海洋"和"艺术的宝库"，是丝毫也不过分的。那一通通光亮照人的石碑，正像是天上灿烂的繁星一般，将会久久地闪耀在你的心头。

# 明代的军事重镇：西安府

　　1368 年，朱元璋在南京即皇帝位，建立了明王朝。第二年的春天，他命令大将军徐达攻奉元城（元代改长安城为奉元城），元守将张思道逃走；三月，改奉元路为西安府，历史上第一次出现了"西安"这个名称。"西安"与元代早期曾经把长安称为"安西"一样，都是表示希望安定大西北的意思。

　　唐代以后，长安虽然不再做国家的首都，但它在军事、交通和商业贸易上，仍然发挥着相当重要的作用，是大西北的首府。朱元璋认为："天下山川，惟秦中号为险固。"[1] 明代人张瀚也说："河以西为古雍地，今为陕西，山河四塞，昔称天府，西安为会城。地多驴马牛羊旃裘筋骨。自昔多贾，西入陇蜀，东走齐鲁，往来交易，莫不得其所欲。至今西北贾多秦人。"他还指出，关中一带城镇中，"生理殷繁，则贾人所聚也"[2]。因而封建统治者仍然对西安非常重视。朱元璋专门把他的次子朱樉封为秦王，正表明了他对西安和关中的特殊关心。

　　由于明王朝的重视，西安的城市建设又形成了一个新的高峰，最突出的是，在元代奉元城（也就是在唐长安皇城）的基础上，扩建成了雄伟的西安城墙。

　　修城工程开始得很早。洪武（明太祖朱元璋的年号，

---

① 《洪武实录》第四十六卷。
② ［明］张瀚：《松窗梦语》。

1368—1398）初年，即由都督濮英负责组织人力[1]，把旧城东、北两面城墙，各向外移了一段距离。西城、南城，则是在旧城墙的基础上重建起来的。明西安城周长十一点九公里，南城三点四公里，北城三点三公里，东、西城各二点六公里，是一个长方形，比唐代皇城扩大了三分之一左右。

1370年前后，西安城中又开始修建秦王府城，1376年完工。秦王府城又名秦藩府城，或王城，其遗址就是今天西安市内群众称呼的新城。秦王府城的东、西、南三座城门早已拆毁，唯独广智门（北门）至今依旧巍然屹立。秦王府中的一对铜狮子，现安置在陕西历史博物馆的大门口。今天革命公园喷水池中那块巨大的太湖石，原在秦王府中，冯玉祥督陕时期，搬至今址。相传，这块形状奇特的石头，还是唐代兴庆宫中沉香亭畔的遗物。秦王府城外的包砖，后来被冯玉祥的部队拆去修了新城大楼等建筑物。

明代西安的外郭城，应当是在秦王府城之前修成的，距今已有六百多年的历史。这座由都督濮英修筑的城垣，最初还是土城；到1568年，在都御史张祉主持下，才为城外皮砌了一层青砖，改变了唐代以来土墙的面貌。这样不仅使防御能力大为提高，而且对城垣也起到显著的保护作用。

重修以后的西安城墙高十二米，顶上宽度达到十二至十四米，城顶外沿修有带垛口的短墙。这些短墙又名雉堞或女墙。各垛口之间的下部，开着一个小方孔，用来瞭望和射击敌人。城顶部内侧修着低矮的宇墙，以防止士卒往来行走时跌下。

每隔一百二十米，修一座突出在城外的敌台（又名墩台或马面），它的高度与城墙相同。敌台是专门为射杀爬城的敌人

---

[1] 见《陕西通志》。

今西安钟楼

而设置的，两座敌台之间距离的一半，恰好在弓箭的有效射程之内。四城九十八座敌台上，都建有驻兵的敌楼。

城门是唯一的出入通道，因而也是封建统治者最苦心经营的防御重点。明朝西安城东、西、南、北四座城门，各设有正楼、箭楼、闸楼三座城楼。城楼下的小城叫瓮城或月城，也是驻兵的地方。

城四角都有突出的角台，除了西南角的角台为圆形，可能是保持唐皇城转角原来的形状外，其他都是方形的。角台上修有比敌台更加高大的角楼，表明了这里在战争中的重要地位。

城四角环绕着又深又宽的城河。正对城门的地方，设置了可以随时起落的吊桥。升起吊桥和关住城门一样，就截断了进出城的通路。

可以看出，明代西安城墙曾经是一个庞大而且严密的防御体系。保留至今的雄伟的西安城，也是我国现有比较完整的大

今西安鼓楼

型古代城堡建筑实物例证之一。今天东、西城门的正楼、瓮城
和箭楼，北门的箭楼和瓮城，南门的正楼和瓮城，都依然完好。
西安城墙已被国务院定为全国重点文物保护单位。

　　位于西安市区的钟楼和鼓楼，也是著名的明代建筑物。钟
楼建筑于 1384 年，它原来的位置在今天西安广济街东侧的迎
祥观内。这里在明代之前与南、北城门正对，是全城的中心。
但明代扩建西安城后，它偏到了城西部，因而明神宗万历十年
（1582 年），巡抚龚懋贤把它迁移到现在四大街交会点的位
置上。

　　钟楼仿效唐、宋时代的建筑形式，重檐窝拱，攒顶转角，
屋檐翘起，形似振翮高飞于碧空中的五彩多姿的锦鸡。楼底开
有四个门洞，通四条大街。门洞中心点有四根交叉的石梁。四

方形的楼砖座，每面宽三十五点五米，高八点六米。由地面到楼的金顶上端，共计三十六米。古代用悬挂在楼上的一口大钟向全城报时。明人龚懋贤在《钟楼歌》中描绘这座宏伟的建筑说：

抟终南兮云为低，凭清渭兮衔朝曦。

诗人一大早登上高峻的钟楼远眺，他眼前的终南山似乎都退缩了下去，天上的云彩也显得低了。楼北边紧靠着银带般的渭河，东侧廊下洒满了金色的朝阳。

鼓楼位于钟楼西边偏北不到半里路的地方，明洪武十三年（1380 年）建成。这是一座长方形的建筑物，在青砖砌成的基座下，券有一个南北方向的门洞，供人通行。楼上、下两层，都是七间宽，进深三间，为"歇山式"建筑，由平地到楼顶高三十三米。当时，用楼上悬挂的一面大鼓，每天傍晚向全城报时。

新中国成立后，钟楼、鼓楼都已整修如新，金碧辉煌，成为西安市中心区主要的游览场所。

# 李自成起义军建立的大顺政权与西京

　　陕西民间有"汉冢、唐塔、猪打圈"的俗语，概括了古代几个王朝修得最多、最引人注目的几类工程，并且用同音双关的幽默语言，讥讽想要凭借高大的城墙来巩固自己统治地位的朱明王朝，只不过像猪（朱）打圈一样，于事无补。明代末年，坚固的西安城被李自成农民军顺利地占领，就是一个明显的例子。

　　"官逼民反"，是中国古代封建社会中一条带有普遍性的规律。以李自成为首的农民起义爆发前夕，土地日益集中，租税日益繁重，使阶级矛盾达到了白热化的程度。明神宗时期，皇亲贵族占有的土地往往以几万顷计算。秦、庆、韩、肃诸王，霸占了陕西的大部分良田。各地地主豪绅，也都兼并了大量的土地。在沉重的地租和赋税的压榨下，人民往往倾家荡产，以求活命；若是遇到荒年，就更被逼上了绝境。1627 年陕西大旱，陕北连树皮草根都吃光了。第二年，关中白水县农民王二等首先起义，冲进澄城县杀了知县张斗耀。接着，陕北安塞县高迎祥、米脂县张献忠等纷纷举旗响应。李自成就是在这时参加了起义的部队。

　　李自成是陕北米脂县人，家里很穷，从小给地主家放牛，也打过铁，挖过炭，还当过驿卒。他受尽了地主、官府的剥削和折磨，因而也形成了对封建统治者仇恨和反抗的性格。

1630 年，李自成参加农民起义军后，先在王左挂等人的部下任事，后来率领一支人马，投入了高迎祥的部队。1636 年，高迎祥战败被俘，英勇就义。起义军公推李自成为"闯王"，由他领导继续战斗。

这一时期，李自成农民军转战于甘肃、陕西等地，由于敌我力量的对比悬殊，在与曹变蛟、贺人龙等明朝将领作战中，吃了很多苦头。1638 年初冬，李自成率领农民军准备打出潼关，开辟新的根据地，不幸在潼关附近陷入敌人埋伏的包围圈中。经过几天激战，起义军损失惨重，李自成只带着刘宗敏、李过、田见秀等杀出重围，转移到陕南的商洛山区。这是他们起义以来最大的一次失败。但李自成并不气馁，而是抓紧时间，积极休整，苦练功夫，并且仔细地研究了失败的教训。对于这一时期的情况，姚雪垠先生在他所写的《李自成》一书中，曾以《商洛杂忆》为题赋诗，做了很好的概括：

> 收拾残破费经营，暂驻商洛苦练兵。
> 月夜贪看击剑晚，星晨风送马蹄轻。

1639 年夏天，张献忠在湖北谷城重新起义的消息传来，李自成立即率部出山。经过几次战斗，他们突破敌人的包围，在陕、鄂、川三省的边界地区，开辟了新的战场。

随着形势的发展，李自成提出了"均田免粮"等纲领性的主张，反映了农民对土地的迫切要求和对沉重租税的反抗。比起唐代黄巢农民起义军的"均平"口号来，这一主张更加具体和深刻。李自成又提出："杀一人如杀我父，淫一妇如淫我母。"农民军严守这些纪律，因而得到各地人民的普遍欢迎。

1641 年初，李自成部队攻下洛阳城，这是他们攻克的第一座大城市。农民军进城后杀了民愤极大的福王朱常洵，把王府和大地主仓库中的金银财宝、粮食等分给了贫苦农民，到处响起"杀牛羊，备酒浆，开了城门迎闯王，闯王来时不纳粮"的欢呼声。

1642 年，李自成部与丁启睿、左良玉等率领的明王朝主力部队在开封西南会战，农民军大获全胜，歼敌十多万人，缴获军马两万多匹，控制了中原的大部分地区。

1643 年，李自成军南下攻占襄阳府（今湖北省襄阳市），改襄阳为襄京，李自成自称"新顺王"。同年夏，李自成军在汝州（今河南省临汝市）一带歼灭了明王朝最后一支足以与农民军抗衡的孙传庭部队，并于十月初挥鞭西进，十一日就打到西安城下，俘虏了督军出战的陕西巡抚冯师孔。守城将领王根子见大势已去，率部投降，农民军占领了西安城。

李自成进城后，立即派兵征讨西北各地残留的明王朝部队：一路由李过率领北上，歼灭了陕北各地的敌军；另一路由田见秀率领，南下汉中，追击高汝利部队，高被迫投降了起义军；刘宗敏则一路长途西征，扫平了陕、甘、青等广大地区。这样，整个大西北就被农民起义军全部控制了起来。

1643 年十二月，李自成率领一支部队回了一次米脂老家。当他返回西安后，即于次年正月称王，改西安为长安，号为西京，正式定国号为"大顺"，建元"永昌"。[①] 这是继赤眉、黄巢之后，又一个在西安出现的起义农民建立的革命政权。

农民政权宣布免除贫苦农民的赋税，奖励开荒种田，招抚各地流民，铸造永昌钱币，平定市场物价，颁布新的历书，等等。为了筹办军饷和救济贫苦农民，大顺政权专门把一些大官

---

① 《明史·李自成传》。

僚地主作为人质扣押起来，要他们家里交出大批银子和粮食，然后才放人。渭南南家是大官僚地主，农民军就曾迫使南家交出银饷一百六十万两，并镇压了明礼部尚书南企仲和工部尚书南居益等人。大顺政权在短短的时间里，做了大量有利于发展生产和安定人民生活的工作。

明末李自成大顺政权铸造的"永昌通宝"铜钱

为了给大顺政权各级机构充实人力，当时还实行开科考试。试场设在距离河南、山西和西安等地都比较近的陕西华县。考试要求用散体文写文章，废止限制人们思想的八股文。大顺政权领导下的华州地方政府，还曾编撰了《华岳全集》一书，在西安刊印。这本书一直流传到今天。

在西安时期，李自成积极为最后消灭明王朝做准备。除让士卒整修西安城外，他命令由兵政侍郎杨卫休指挥部队，出西安北门到渭桥一带演习；规定严格保护农民的庄稼，凡行军中有马踏了田禾的都要杀头。在城里，李自成也每三天到大教场去亲自检阅一次部队的射杀练习。

1644 年二月，李自成率几十万大军，经由陕西韩城县东渡黄河，一路势如破竹，三月十七日就打到了北京城下。十九日清晨，守城的明王朝部队土崩瓦解，农民军像潮水一般涌入城中。李自成首先下了"军兵入城，有敢伤人者斩"[1]的命令。

---

[1] 《甲申传信录》第一卷。

农民军纪律严明，秩序井然，受到了北京人民的热烈欢迎。几乎就在同时，崇祯皇帝吊死于煤山（景山）上，朱明近三百年的封建王朝，宣告结束。

由于李自成农民军进入北京后在政策上犯了许多错误，领导人之间也有了裂痕。特别是由于放松了军事上的警惕，没有及时进军山海关和消灭残余的敌人，却忙着赏功授爵，因而他们招来了毁灭性的灾难。如当时刘宗敏、田见秀、谷英、张鼐、袁宗弟、刘芳亮、李锦等七人都被封为侯，各赏"珠一大斗、金银一车、帛千端"。李自成的部下，很多人不是被胜利冲昏了头脑，盲目轻敌，就是一味寻欢作乐，追求利禄。山海关一战，被代表明朝大地主阶级利益的吴三桂联合清军部队打得大败，他们只好退出了仅仅占领四十三天的北京城。在退回西安的路途中，农民军"腰皆有黄金瑰宝"，喝了农村人家的酒，就"掷金与之，或手给珠一握"。至今陕西韩城民间传说，当李自成军从北京退回西安途中，向西渡过黄河后，由于河水凶猛，岸坡陡峭，把很多金银财宝都散失在黄河岸上，被当地农民拾去。原来所向无前的李自成农民军，由于包袱太重而削弱了战斗力，这是大顺政权不能巩固的重要原因之一。

1644 年七月，李自成退回西安。第二年正月，清军攻破潼关，李自成率军出武关，转移到湖北武昌。最后，他在湖北通山县东南的九宫山被地主武装杀害。

李自成在西安居住的时间不长，留下来的遗址、遗物也不多。李自成的王宫设在秦王府中，即今天的西安市新城中。前边说过的现在陕西历史博物馆大门口的那对铜狮子，原来放在秦王府中，它们应该多次看到了农民军操练、行军的情况。大顺政权的户政府和吏政府故址，在今西安钟楼西北侧的社会路一带。今天西安鼓楼西北有旧名南教场、北教场的地方，或者就是李自成曾经在那里阅兵的大教场。陕西历史博物馆现存有大顺时期的县印一颗，正面隶书"三水县信"四个字，两边楷书"三水县信""礼政府造""永昌元年拾贰月日""安字壹百号"等字样。"三水县"就是今陕西省的旬邑县。称"印"为"信"，是李自成在襄阳时期规定的。这颗县印，是李自成所建地方政权遗留至今的一件珍贵实物。另外，前边介绍过的西安碑林博物馆所藏《明德受记碑》，除记载了陕西富平县上官村捐款修城的经过外，上边还刻着"大顺国永昌岁次甲申孟春吉旦立"；原陕西韩城县西门石门额中间刻有"梁奕西襟"四个大字，旁刻"大顺永昌元年孟冬吉旦"等字样。两种石刻都完整地运用了李自成农民政权的国名和年号，也是今天不可多得的纪念大顺政权的珍贵文物。

李自成已经死去了三百多年，但由于他所领导的农民军给人民办了很多好事，因而陕西民间流传着许多有关他的故事。例如，华县农村传说，李自成从北京撤退回陕西后，一次路过华县，去关帝庙中献了一口宝刀。从此以后，当地人就把这座庙宇改名为寄刀庙。《华县县志》中说，这口刀名叫闯王刀，为李自成所监督制造，久不生锈，一直藏在民间。

新中国成立前，华县农民出于迷信，同时也由于对李自成的爱戴和尊敬，每遇天旱，就背上闯王刀出来祈雨。他们相信闯王生前一心为民除害，死后也必然能斩"妖"除"魔"，因而每当有人生病，就把闯王刀拿来挂在门口，以为这样病就会好。

西安流传的一则故事说：李自成起义之前，曾在西安一带流浪。一天中午，他在开元寺（今西安东大街解放市场）庙台上睡觉，朦胧中听见两个人对话，说玉皇大帝下令明天午时烧掉南大街一万间房子。李自成睁开眼看了一下，那二人发现，正要走掉。李自成身高力大，把二人挡住，问他们是干什么的。二人无奈，只得说明原因。李自成告诉他们，老百姓的房子不能破坏，南大街恰好有一家姓万的，你们只要烧了那姓万的一家，回去向玉皇大帝报告说已经烧了万家，也就行了。那二人答应照办。这些故事当然是无稽之谈，但却反映了李自成对人民的爱护和人民对李自成的拥戴。

## 第五章

# 走向新生

+ 1949年5月20日，东风扫残云，春雷震长空，西安获得了解放。人民当家做主，生产力得到空前发展。西安古城，百废俱兴，日新月异。

# 辛亥革命前后的西安

　　清王朝初期在抵抗外来侵略者和维护我国多民族国家的
统一事业中，曾经做出过一些贡献。但是由于延续了两千多年
的封建制度早已成为生产力发展的严重障碍，因而清代总的趋
势是在走下坡路。特别是鸦片战争以后，帝国主义更迫使中国
走上了半封建半殖民地的道路。在帝国主义、封建主义和官僚
资本主义三座大山的压迫下，中国人民陷入了前所未有的苦难
深渊。

　　就西安来看，在清朝统治的二百多年中，不仅很少进行什
么市政建设，而且将占全西安四分之一左右面积的城东北角，
划为满族居住区，称为驻防城或满城。满城的东墙和北墙利用
西安老城墙；西墙从钟楼东北角起，沿北大街经西华门、后宰
门到北门东侧，与老城相接；南墙从钟楼东南角起，沿着今天
东大街南侧，经端履门、大差市到东门南边，也与老城相接。
满城共有六门，除了在今天的后宰门、西华门、端履门、大差
市各开一门外，钟楼的东西穿洞是它的西门，东城门是它的东
门。满城内秦王府旧城（今名新城），拆去房屋后作为八旗军
跑马演习的校场。当时搬来的满族人号称五千马甲，就是五千
骑兵的意思。连同他们的眷属，人口当在两万左右。

　　清地方政府修建这座满城，在于突出满族人的优越地位，
并便于他们推行民族压迫的政策。这不仅进一步加深了各民族
间的隔阂，也给市内的交通造成了很大的困难。

当时的满族人普遍享有特权，生活费用的银两和粮食按月由藩库和东、西两仓发给，被禁止从事生产活动，因而很多成为游手好闲、一无所能的人。但由于粮饷被有权有势的官僚和高级将领们层层克扣，一般满族人所生的女孩子又按规定不发给粮、钱，因而他们大都不过空有名义，实际生活并不十分优越。

回族是西安城内人数最多的少数民族，他们大量迁来的时间可能在元代。明代建筑的大学习巷清真寺内，有石碑记载，在明代初年，著名的三保太监郑和出使南洋时，曾经专门绕道陕西，在西安回族人中物色了通晓阿拉伯文的翻译人员。这说明当时西安的回族同胞中，有一些文化水平很高的人。清代西安回族人多以小商小贩为业，在当时民族歧视的政策下，他们的生活最为困苦。

回族人民为争取改善自己被奴役的地位，曾经进行了多次的斗争。1862 年，陕西华县、渭南、大荔等县的回族人民起义。接着，临潼、三原、高陵、长安、泾阳、咸阳、凤翔、岐山、宝鸡等地的回族同胞也纷纷响应。这一革命烈火，后来蔓延到陇东、陇西、宁夏和新疆的乌鲁木齐等地。起义军声势浩大，几次冲到西安城下，动摇了清王朝在西北的统治地位。

清朝末期，在近代资本主义洪流的冲击下，西安的社会面貌也多少有了一点变化。1889 年，西安设立了电报局，1902 年设立了邮政局；又陆续在市区开办了关中大学堂、师范学堂、法政学堂和女子师范学堂等；同时还出现了一些经营现代工业品的商店。在广大人民群众中，要求进步、反对王权、主张改变现状的民主思潮，也逐渐活跃起来。

1900 年 8 月，英、俄、法、德、美、日、意、奥八国联军攻占天津、北京，慈禧太后叶赫那拉氏带着光绪皇帝和一大批官僚贵族经山西逃来西安。在这里，她依然大吃大喝，看戏作乐，命令各省照常进贡山珍海味，每日伙食费多达二百余两银子，给陕西人民带来了极大的灾难。直到 1901 年 10 月，她才离开西安，经由河南回北京。

1901 年 9 月，李鸿章代表清朝政府与侵略中国的各国签订了丧权辱国的《辛丑条约》。根据这一条约，清政府允许外国在中国的一些地方有驻兵权，甚至连北京城内，外国也得驻兵监视。清政府还答应向这些侵略者赔款四亿五千万两白银，分三十九年赔清；到 1940 年，连同利息，共应交出九亿八千万两。由于清政府拿不出这么多钱来，各国使者规定把中国关税和盐税的收入，全部用作赔款。即便如此，距离需要的钱数仍然很远，清王朝便强迫各省分摊，当时给陕西省分摊赔款银六十万两。沉重的负担都落在人民身上。

各省分摊银两数确定之后，陕西巡抚李有棻又以筹备赔款为借口，命令将盐价提高，并由富豪官商垄断食盐贸易。到光绪二十九年（1903 年），一斤盐的价钱由光绪初年的十六七文增加到六七十文；偏僻山区，更增加到每斤一百多文。人民被迫冒着生命危险，起来与封建统治者做拼死的斗争。

1903 年冬季，以李猪娃、王来儿等人为首的农民，分别烧毁或捣毁了凤翔、岐山、宝鸡虢镇等地的官盐局和官盐分局。1906 年，扶风人张化龙率领数千农民，扛着镢头、锄头，举着旗子，到县城里去要求停收路捐，减收盐价，惩办劣绅。知县谭绍裘派人出来答应请免路捐并惩办劣绅杨新等人。但群众散去后，官商马十四又给盐每斤加价四文，张化龙等大怒，在烧毁了马十四开的酒房后，率领群众到太白山的九阳宫，公开竖起了义旗。不幸，这年腊月底，在他们分散回家过年时，张化龙等人都被清政府捕去杀害了。张化龙领导的斗争虽然失败了，但却揭开了辛亥革命前夕西安一带人民反帝反封建斗争的序幕。前边所说的《张化龙碑》，就是遗留至今，纪念这次农民革命斗争的一件珍贵文物。

1905 年，中国民族资产阶级杰出的代表人物孙中山在日本东京组成了中国同盟会。1906 年，留学日本的陕西学生加入同盟会的已达三十人左右。其中，最著名的是蒲城人井勿幕。随后，西安一带建立了同盟会组织，并且迅速发展壮大。当时，他们的秘密活动地点设在南院门的公益书局（后迁至竹笆市）和西大街的健本学堂等处。

同盟会除在社会上活动外，还积极在 1909 年新成立的陕西陆军（当时称"新军"）中进行工作。新军的中、下级军官中一些对腐败的清政府不满的人，后来参加了同盟会。新军中出身贫苦的士兵，很多人参加了当时民间具有强烈反抗清王朝色彩的哥老会这一组织，其中还有一些人同时参加了同盟会。这就使同盟会、哥老会和新军比较容易地联合了起来。

1910 年农历六月，同盟会在大雁塔召开了一次重要会议。到会的有井勿幕、钱鼎等三十六人，代表了同盟会、哥老会和新军各方面的意见。大家"歃血联盟"，决心推翻清王朝，"创立民国，平均地权"，为正式起义做好了准备。

1911 年 10 月 10 日（农历辛亥年八月十九），同盟会在湖北武昌发动了著名的辛亥革命。消息传来，人心振奋，西安同盟会成员公推新军二标一营管带张凤翙为首领，于 10 月 22 日，在全国最先响应武昌的枪炮声中，宣布起义。西安新军利用这一天是星期天的有利时机，扬言要去灞河洗马。队伍从西城外大营盘出发，进南门后，沿书院门街一直向东，再经开通巷拐向东县门的军装局，顺利地砸开军装局库门铁锁，掌握了枪械弹药。另一路由西门进城的新军连队，也到这里来领取弹药。张凤翙以军装局为司令部，指挥部队迅速占领了满城以外的各官署。第二天黎明，同盟会组织新军对满城发动总攻击。满城骑兵往来拦截，加上城上密集的火力封锁，给攻城造成了很大困难。后来，新军侦察发现大差市与小差市之间（今东大街和平路与建国路之间）有一段早已倒塌的城墙，缺口处修盖着房屋。房屋后墙比城墙要薄得多，而且无人防守。士兵挖开墙壁蜂拥而入。几乎是同时，满城西侧攻城部队猛力进攻西安北城门。突然如山崩地裂一般，北城楼的清军旗兵火药库飞上了天。旗兵乱成一片，溃不成军。另一支部队，也攻下了满城西墙的新城门（故址位于今后宰门西口）。战斗很快结束。[①]由于西安在整个大西北所处的重要地位，它在武昌起义后仅仅十二天就跟着响应，并且迅速取得了胜利，因而有力地配合了全国的反清斗争。正如大河决堤一般，裂开的这个口子，清王朝再也堵不住了。

辛亥革命推翻了腐朽、黑暗的清王朝，结束了中国两千多年的封建君主专制制度，这是它的历史功绩。但是，由于国际上帝国主义的存在，由于中国民族资产阶级的软弱性，它没有也不可能彻底完成反帝反封建的任务。因而辛亥革命之后不久，封建军阀袁世凯等人就篡夺了革命政权。连年累月的军阀混战，更给人民带来了无穷的灾难。近代历史雄辩地说明，只有社会

---

[①] 参见《陕西文史资料选集》第一集中朱叙五等同志所写有关回忆西安辛亥革命的文章。

主义才能救中国。

1914 年 1 月，袁世凯以剿灭"土匪"白朗为名，派他的亲信陆建章率领北洋军第七师入陕，控制了西安和陕西的军政大权。从此，北洋军阀长期祸害西安人民的历史时期开始了。

1926 年春，北洋军阀吴佩孚所部刘镇华率十万多人由豫西转来关中，占领了西安城东十里铺、韩森寨，城北龙首村、大白杨，城南大雁塔、三秦公学（今西北大学）等据点，逐步把全城密密层层地包围起来。6 月上旬，刘镇华军竟然点燃了城外十万亩麦田，一直烧了一周之久。八九月间，刘军又强征数十万民工绕城挖掘壕沟，断绝了出城的所有通路。西安被围困七八个月后，小麦每斗涨价到大洋二十一块钱，城里饿死的人数以万计。今天西安革命公园内的两个大土堆，就是当时死难军民的丛葬处。

1926 年 5 月，在中国共产党的参加和组织下，从广州开始了讨伐吴佩孚、孙传芳和张作霖等军阀的北伐战争。同年 9 月，冯玉祥在中国共产党帮助下，在绥远宣布与北洋军阀脱离关系，加入革命队伍，率领部队经由陕西向河南进发，准备在那里与北伐军会师。这一年的 11 月，冯玉祥部队在西安城外，与城内的杨虎城部队互相配合，击溃刘镇华，解救了濒临毁灭的西安城。但不久，冯玉祥又追随蒋介石叛变革命，给人民带来了新的灾难。

抗日战争和解放战争时期，蒋介石的嫡系军阀胡宗南一直盘踞在西安。他们与人民为敌，进一步把这座古城糟蹋得不成样子。

抗日战争时期，西安街上充满了从河南等地逃来的难民。由于国民政府对这些无家可归的同胞根本不予理睬，因而他们中间的很多人不是被活活饿死，就是被日寇的飞机炸死在西安街头。

抗日战争胜利后，胡宗南更秉承蒋介石的旨意，变本加厉地残害人民。当时国民党政府最用力经营的，就是在城区内外修了许许多多的秘密监狱。连市中心著名的古建筑钟楼下，也成了关押政治犯的场所。大量爱国青年学生、进步人士和革命者，被逮捕和暗中杀害。文庙、大雁塔、小雁塔、鼓楼和四个城门楼中，也都驻扎了国民党的军队或宪兵。户县牛东镇还专门设有训练特务的中美合作所，美国兵在西安大街上横冲直撞。

在国家危难时期，西安的军、政界官僚却大都利用职权，假公济私，大做投机买卖。这些官僚资本家伙同大投机商人，垄断市场，抬高物价，使商品价格在一个月里几次上涨，甚至一天之内也不稳定。同时，国民政府的苛捐杂税多如牛毛。在重重盘剥之下，广大人民连最低限度的生活水平也难以维持。

# 震撼中外的"西安事变"

第一次世界大战后，战胜的帝国主义国家于 1919 年 1 月在巴黎开会，研究重新瓜分殖民地的问题。会议决定把德国原来在中国山东省霸占的各种特权，转让给日本。中国北洋军阀政府表示同意，并且已经准备在丧权辱国的《巴黎和约》上签字。消息传出，群情激愤。5 月 4 日，北京学生数千人在"外争国权，内惩国贼"的口号下游行示威，坚决反对在《巴黎和约》上签字。从此，具有划时代意义的五四运动就爆发了。

西安各校学生为响应北京同学的爱国行动，先于 5 月 7 日停课一天。5 月 10 日各校学生代表开会决定，全市中等以上学校学生，立即罢课举行示威游行，以抗议北洋军阀政府的卖国阴谋。游行队伍高举"外争国权，内惩国贼""宁做断头鬼，不做亡国奴"等爱国口号，冲破北洋军阀在陕西的代理人陈树蕃等人的重重阻挠，进行了声势浩大的示威游行。陕西学生还曾推选屈武、李伍亭为代表，前往北京请愿，并与各地学生代表取得联系，从而把西安的群众运动推向了高潮。在全国人民的巨大压力下，反动政府不得不拒绝在"和约"上签字，并且罢免了曹汝霖、章宗祥、陆宗舆三个卖国贼的官职，释放了被捕的学生。彻底地、不妥协地反帝反封建的五四运动取得了巨大的胜利。从此，中国的民主革命进入了无产阶级领导的新民主主义革命时期。

1931 年九一八事变爆发后，蒋介石与北洋军阀一样，对帝国主义奴颜婢膝，对日本侵略者采取"绝对不抵抗"政策。他命令张学良从东北率部队撤退到山海关以内。就这样，几十万国民党军队，几乎一枪不发地拱手把东三省让给了侵略者。而另一方面，蒋介石却集中全力，不断"围剿"共产党开辟的革命根据地。正是在这一背景下，西安地区广大人民坚决响应中国共产党提出的"停止内战，一致抗日"的号召，为反对国民政府的卖国政策，进行了一系列的罢工、罢课和游行示威等革命活动。

1935年夏天，张学良的东北军奉命进驻西安一带。同年9月，蒋介石自任西北"剿总"总司令，任命张学良以副司令代行总司令职务，并与原驻陕西省的杨虎城的西北军密切配合，全力以赴地进攻陕北革命根据地。就在这一年的年初，由程子华、徐海东同志率领的红二十五军，已经在陕南给杨虎城军以沉重的打击，击溃了西北军的三个旅。但张学良还没有吃过苦头，他走马上任以后，立即组织大部队猛扑陕北革命根据地。刘志丹、徐海东等同志以仅有七八千人的红十五军团进行反击，将东北军一一〇师全部歼灭，并歼灭其一〇七师一部，使东北军首次受到重创。

1935年10月，中国共产党为了北上抗日，毛泽东等同志率领中央红军经过艰苦卓绝的二万五千里长征，胜利到达陕北。同年11月，中央红军在富县西南直罗镇一举全歼东北军一〇九师，活捉师长牛元峰，又歼灭东北军一〇六师一部。红军以辉煌的胜利，给党中央立足陕北举行了奠基礼。从此，陕北成了中国革命的中心、指挥抗日战争和解放战争的司令部、人民解放斗争的总后方。

由于陕北所处的重要地位，国民党反动派便把西安作为

"反共"的前哨据点，使西安成为当时全国矛盾斗争较为尖锐复杂的地区之一。但群众巨大的抗日热潮的压力，特别是在进犯根据地时所受到的血的教训，迫使张、杨认识到工农红军是深受人民拥护的、战斗力很强的部队。当国民党部队节节败退，被日寇蹂躏的国土愈来愈多，国家民族生死存亡的问题更加尖锐地提到每个人面前的时候，张、杨二将军终于接受了中国共产党抗日民族统一战线的政策，同意"中国人不打中国人""停止内战，一致抗日"。又经过大量深入细致的工作，红军与东北军、西北军达成了联合抗日的协议。1936年4月9日，周恩来同志与李克农同志一道，去当时由东北军控制的延安，与张学良将军进行了长谈，解除了张学良许多疑虑，更坚定了他走联共抗日道路的决心。

为了进一步推动抗日统一战线工作，协助张学良、杨虎城改造部队，中共中央委派叶剑英同志为常驻西安的红军代表。至此，在中国共产党领导下的红军、东北军和西北军"三位一体"、以抗日为目的的民族统一战线终于形成了。"枪口对外，一致抗日"和"打回老家去"的口号声，响遍了古城西安和陕西原来的内战前线。

蒋介石过去对张、杨二人就非常怀疑，因而极力在西安安插他的亲信和特务。如西北"剿总"参谋长晏道刚、西北"剿总"政训处处长曾扩情、西北"剿总"第二处处长兼西安军警联合督察处处长江雄风、陕西省会公安局局长马志超等，都是人人尽知的明牌特务头子。而西北"剿总"交通处处长蒋斌和杨虎城负责的西安绥靖公署中的交通处处长黄念堂，则更是蒋介石暗中埋藏在东北军和西北军中的军统特务。但由于当时西安群众普遍高涨的革命情绪和张学良、杨虎城二人比较坚定的抗日态度，国民党特务不敢肆无忌惮地胡作非为。

1936年3月，西安各界人民组成了"西北抗日救国会"，后来又改名为"西北各界救国联合会"，简称"西救"。接着，东北逃亡来陕的各界人士，组成了"东北民众救亡会"，简称"东救"；各学校也都组成了"西安中等学校教职员联合会""西安学生救国联合会"等。西安的群众抗日救国活动，更加蓬勃地开展起来。群众利用九一八事变六周年、"双十节"、"悼念鲁迅"等各种机会，组织大会和游行示威活动，刊发宣言，呼吁停止内战，批驳国民党投降派的卖国谬论，揭露蒋介石"攘外必先安内"这一政策的罪恶阴谋。这些活动有力地配合了全国风起云涌的抗日救国群众运动。

1936年8月，张学良请北平学联和东北大学学生会代表宋黎，来西安揭露日本侵略者在东北所犯下的罪行，并介绍北平等地学生运动的情况，进一步鼓舞西安地区群众的抗日热情。8月29日下午，国民党特务在西北大旅舍（位于今西安市东大街）逮捕了宋黎同志。他们走出旅舍时，恰巧碰上路过的西北军宪兵巡逻队，宋机警地大喊："土匪绑架！土匪绑架！"宪兵把宋黎和特务一块带到西北军中。张学良闻讯接回宋黎，他疑心国民党省党部（故址位于今东大街）内，还藏有有关特务抓人的名单和文件，因而当夜派人查抄了省党部的特务档案。事后，张学良向蒋介石发电报称：宋黎是西北"剿总"请来的工作人员，逮捕"剿总"的人，事先不通知他，使他今后难以工作，因而采取了这些鲁莽行动。最后，张学良请求给他处分，并请求将宋黎留在西北"剿总"处置，蒋介石无可奈何，只得回电："应免置议。"

蒋介石感到西安的问题愈来愈加严重，因而于1936年10

月下旬，亲自出马来西安监督张、杨进攻陕北革命根据地。但张、杨仍然极力主张一致抗日、反对内战。蒋介石见指挥不动东北军和西北军，便准备采用强硬手段解决。他中途到洛阳去调兵遣将，任命蒋鼎文为西北"剿总"前敌总司令，卫立煌为陕、甘、绥、宁边区总指挥，陈诚以军政部次长身份，驻前方督"剿"。① 他准备一箭双雕，将红军与东北军、西北军一并解决。同年 12 月 4 日，蒋介石再次来到西安，威逼张、杨进攻根据地，并暗示如若不然，就把东北军和西北军调往外省。实际上，蒋介石是想将他们调出后，借机各个消灭。

1936 年 12 月 9 日，是著名的一二·九运动一周年纪念日。这一天，由"西救""东救""学联"出面，发动群众举行了一万五千多人参加的大会。会议期间，中央宪兵部队和特务警察百般阻拦，多方刁难，包围会场，制造事端。当群众举行游行示威时，东北军办的东望小学（故址在今西安东羊市街）一名小学生被宪警开枪打伤，更激怒了与会群众。游行队伍先到西北"剿总"、省政府、西安绥靖公署等处请愿，然后又整队出发，准备步行前往东距西安五十多里的临潼华清池，去向住在那里的蒋介石请愿，要求结束内战，一致抗日和惩办开枪打人的凶手。以学生为主干的群众大队走到城东十里铺时，蒋介石的马队排满街头，前边两侧的高地上架起了机关枪，并扣留了请愿大队的"交通员"，形势非常紧张。正相持间，张学良将军骑马赶到，劝学生回去，并诚恳地说：我并不反对你们救国，只是我为爱护你们，不忍见你们在这里流血。一位东北女

---

① 参见罗瑞卿、吕正操、王炳南：《西安事变与周恩来同志》，人民出版社 1978 年版，第 29 页。

学生回答："我们愿意为国流血，愿意为国牺牲，死在救国的路上是光荣的！"说毕，她痛哭流涕，其他人都跟着哭了起来，连路旁行人和张学良的马夫也都泣不成声。张学良大受感动，挥泪陈词："我张学良小子不是不爱国的，我与日本鬼子有杀父之仇，是不共戴天的。请大家相信我，你们的救国心愿我决不辜负。在一个星期之内，我准定用满足你们心愿的事实答复你们。"群众这才列队折回西安。

张、杨苦苦劝说蒋介石改变主意毫无效果，便下了进行"兵谏"的决心。经过周密布置之后，他们开始联合行动。12月12日凌晨5时，东北军一百多名官兵进入华清池，准备乘蒋介石没有起床时，一举将他捉住。不料被守护华清池的蒋介石卫队发现，双方互相开枪打起来。经过短暂激战后，东北军消灭了蒋的侍从卫队。但进入蒋介石住宿的五间厅时，里边却空无一人。蒋的衣帽还挂在衣架上，一副假牙仍泡在茶几上的杯子里，被褥尚有余温，院子里的汽车也没少一辆。

兵谏亭（华清宫景区供图）

从种种迹象判断，蒋介石肯定是刚刚徒步逃走，不会离开多远。在后围墙边又发现了蒋介石的一只鞋，指示了他逃走的方向。

原来蒋介石被枪声从梦中惊醒后，穿着睡衣就往后跑，由他的一名贴身侍卫帮着翻过墙去，落地时划破了小腿，摔伤了腰，掉了一只鞋。又由这个侍卫连背带推地帮他爬上山去。东北军找遍华清池后，开始搜山，在骊山山腰的一块峭立的巨石边，发现了缩成一团的蒋介石。这个威风不可一世的人物，当时全身哆嗦，面色苍白，连话都说不清楚。他被吓得走不成路，因而只得由人背下山来。蒋介石被押送回西安以后，东北军先把他看管在新城大楼里。几天以后，为了管理和工作方便，又把他搬到离张学良公馆（今建国路）不远的高桂滋公馆（今建国路中国作家协会陕西分会）中。

当捉住蒋介石后，张学良、杨虎城立即通电全国，提出了改组南京政府，容纳各党各派共同负责救国；停止一切内战；立即释放上海被捕之爱国领袖；释放全国一切政治犯；开放民众爱国运动；保障人民集会结社一切政治自由；确实遵行孙总理遗嘱；立即召开救国会议等八项主张。同时，张、杨又发电报给中共中央，请共产党派代表去西安商讨妥善处理西安事变，以及实现停止内战、联合抗日的具体办法。

事变发生后，南京政府一片混乱，亲日派军政部长何应钦主张立即出兵讨伐张、杨，并派飞机轰炸西安，以达到置蒋介石于死地，然后由他取而代之的目的。日本自然希望中国越乱越好，以便浑水摸鱼，从中取利。日本外相几次声称：南京政府若与张、杨妥协，日本政府将"不能坐视"。公然煽动国民党政府出兵讨伐西安。亲美派的宋子文等，则主张首先营救蒋介石，反对立即讨伐，唯恐亲日派篡夺了军政大权。当时国际、国内形势错综复杂，对"西安事变"处理不当，就会引起大规模内战。

在这千钧一发的严重时刻，中共中央全面地分析了形势，制定了正确的方案：和平解决西安事变，促成建立抗日民族统一战线；只要蒋介石同意停止内战，一致抗日，就释放他；等等。

12月17日，周恩来同志与叶剑英、秦邦宪、李克农等同志受中共中央委托前来西安。为了安全，他们开始被安排住在张学良公馆的东楼上。

周恩来同志到西安之后的当天晚上，就开始了紧张的工作。他仔细向张学良询问了各种情况，高度评价了张、杨二将军发动的"西安事变"。然后又耐心地向张、杨二人分析了国际、国内形势，说明只有防止内乱，才能促成建立抗日民族统一战线，国家才有救，民族才有救，因而应该有条件地释放蒋介石。周恩来等同志夜以继日地奔波交谈，召开了各种会议，做了大量工作，才使"西安事变"得以圆满解决。张学良、杨虎城等人深为周恩来同志的精辟见解，以及中国共产党从国家民族利益出发，而不计较历史恩怨的行动所感动，同意了共产党的主张。蒋介石迫于全国的形势和他自己当时所处的具体地位，不得不承诺停止内战，接受一致抗日的条件。"西安事变"的和平解决，为中国抗日民族统一战线的形成和最后取得抗日战争的胜利，创造了有利的条件。它的重要意义，正如毛泽东同志所指出的："在这种形势下，国民党当局被迫地放弃了内战政策，承认了人民的要求。西安事变的和平解决成了时局转换的枢纽：在新形势下的国内的合作形成了，全国的抗日战争

西安八路军办事处旧址

发动了。"①

国共合作的标志之一，就是"西安事变"发生不久，在西安北新街的七贤庄一号院设立了"红军驻西安联络处"。联络处配合中共中央代表团，在处理"西安事变"问题中做了大量工作。后来周恩来、叶剑英等同志也搬到这里来居住和接见来访的客人。

1937年9月，"红军驻西安联络处"改名为"国民革命军第八路驻陕办事处"，后来又改称"国民革命军第十八集团军驻陕办事处"，占有七贤庄一、三、四、七号四个院落。林伯渠、董必武等同志，都曾先后担任办事处的党代表。

整个抗日战争时期，办事处的同志们出生入死，不避艰险，克服重重障碍，为宣传党的抗日政策、促进抗日民族统一战线的巩固和发展，以及给陕北甘宁边区和前方部队采购药品和各

① 毛泽东：《论联合政府》，《毛泽东选集》，人民出版社1951年版，第938页。

类物资，做了大量工作。特别是办事处经常输送成百上千来自全国各地的进步青年和爱国人士前往延安，为壮大我军力量，培养革命干部，做出了突出的贡献。例如，1938 年 5 至 8 月，就向延安送去了两千二百多人。伟大的国际主义战士白求恩，也是在 1938 年 3 月，经由这里到达陕北的。

在艰苦的岁月里，周恩来、刘少奇、朱德、叶剑英、邓小平等中央领导同志，曾多次来西安办事处居住和指导工作。

抗战期间，西安的国民党各级党政机关仍然以迫害进步人士、破坏学生运动为主要任务。胡宗南部数十万大军，不开赴前方抗击日本侵略者，却沿北山布防几百里，以封锁和破坏陕甘宁边区。对于全力以赴、积极从事抗日救国活动的我八路军驻西安办事处的工作人员，国民党反动派更视为心腹大患，百般进行迫害。他们在办事处周围设置了二十余所特务哨所：有专设的哨棚，有特务开的小杂货店，连修鞋的、拾破烂的、拉人力车的中间，都安插有特务。我办事处的同志们，在中共中央的直接关怀下，依靠人民群众，通过英勇机智的斗争，战胜了敌人一次次的破坏活动，胜利地完成了任务。

抗日战争胜利后，国民政府变本加厉地推行反共反人民的政策，又一次发动了全面内战，疯狂进攻解放区。我八路军驻西安办事处，被迫于 1946 年 9 月撤回延安。

1949 年 5 月 20 日，东风扫残云，春雷震长空，西安获得了解放。西安古城，百废俱兴，人民政府也很快将原"国民革命军第八路驻陕办事处"旧址进行了整修，在这里陈列了许多革命文物和图片，开辟为向广大群众进行革命传统教育的纪念馆。

此后的几十年间，很多革命老前辈来西安时，百忙中还常常要抽空到这里看一看。1979 年 4 月 12 日下午，八十二岁高龄的叶剑英同志，冒着晚春的雨雪，又一次访问了四十三年前他工作过的这个地方。他询问了旧日的同志，参观了他当年在"西安事变"期间陪同周恩来同志接待各界来访朋友的小会客厅，参观了各位老同志和他自己住过的地方。触景生情，他又想起了那震动中外的"西安事变"和已经逝去的战友，当场吟出一首意境深远，词语动人，题为《一九七九年四月十二日雪后与明涛、尔重同志访办事处志感》的七言绝句：

西安捉蒋翻危局，内战吟成抗日诗。
楼屋依然人半逝，小窗风雪立多时。

参观历时一个多钟头，临走时叶帅亲切地说："同志们，再见！"汽车徐徐开动后，他老人家仍在依依不舍地向送行的纪念馆工作人员频频招手。

# 结束语

西安地处关中盆地中部，交通便利，物产丰富，背山面水，自然条件非常优越。从远古时期开始，我们的祖先就在这里劳动生息，用他们勤劳的双手开发了渭河两岸肥沃的土地，使西安一带成为中华民族较早的文化摇篮之一。

因为关中盆地四周群山环绕，关塞险固，在古代运用原始武器的情况下，这里极便于进攻和防守，所以西周、秦、西汉、隋、唐等十个王朝都曾选择长安作为国都，历时一千多年。

西周是中国古代奴隶社会的极盛时期，周丰京、镐京是西安附近最早出现的全国性大城市，似乎也是我国最早真正能够管理全国、名副其实的国家首都。西周时期的奴隶们在这里创造了光彩夺目的青铜文化；大量出土的青铜器，至今仍以其优美的造型和生动的图案，使人赞不绝口。

秦、汉、唐三个朝代是中国封建社会由上升、发展，趋于鼎盛的时期。秦咸阳、汉唐长安，不仅是当时中国政治、经济、文化的中心，而且就其规模的宏大、城市的繁荣、文化的发达和影响的深远来说，也属于当时世界上著名的国际性城市之一。古代劳动人民和科学家、思想家、艺术家、文学家、书法家，曾经在这里进行了长期的、大量的、创造性的劳动，为我们留下了无比丰富的文化遗产。研究和批判地继承这份遗产，是摆在我们面前的一个迫切任务。

由于封建社会本身不可克服的矛盾，以及封建统治阶级内部错综复杂的斗争，因而中国古代经常处于改朝换代的大动乱之中。每一次变动，几乎都伴随着长时期的军阀混战和国家的分裂，给人民带来巨大的灾难，也对城市建设造成严重的破坏。秦咸阳、汉长安、唐长安，就是由于这种原因，而不断遭到厄运；壮丽的城阙、豪华的建筑、精美的手工制品等劳动人民的血汗结晶，不是被付之一炬，就是被破坏无遗。

西安一带周、秦、汉时期的建筑物已荡然无存，唐代建筑也只有屈指可数的几座砖塔。但遗址区大量宏伟的宫殿台基、残垣断壁、陵墓石刻、宗教石刻、柱础水道、秦砖汉瓦，特别是日益增多的、绚烂的地下出土文物，却为我们弥补了这一缺陷，使我们在几千年后的今天，得以了解当时长安在科学技术、手工工艺、造型艺术等方面所达到的高度水平。无数地下文物还为我们提供了最为确凿的历史资料。这些文物资料，有的可以与历史文献互相印证，有的补充了文献的不足，有的纠正了文献的错误。因而可以说，西安及其周围，存在着一个巨大的地下文化宝库。

在封建社会，都城是剥削阶级的乐园，是全国反动势力的中心。广大人民的痛苦生活、不幸遭遇，无不与这些罪恶的统治者有着密切的关系。因而历代农民起义军，也总是把斗争的矛头最终指向这座全国最大的军事城堡。绿林军、赤眉军和后来的黄巢、李自成农民起义军，都曾攻入长安城，并在这里建立过农民革命政权，极大地打击了当时的封建统治者，打破了长安是所谓"金城汤池""坚不可摧"的神话。

　　唐代以后，西安不再作为全国的首都。然而，这里由于在政治、经济、军事上仍然占有相当重要的地位，所以继续为封建统治者所重视，但从城市建设上说，这些朝代大都抱残守缺，很少有新的发展。

　　到了近代，西安曾经是国民党反动派进攻陕北革命根据地、陕甘宁边区的前哨阵地。他们在这里到处设置监狱，破坏学生运动，打击进步人士，把西安进一步祸害成为一个非常黑暗、恐怖而又落后的地区。

　　解放前的西安纯粹是一座消费城市，现代化工业只有几家面粉厂、纺织厂、火柴厂和一个小型发电厂。当时最大的工厂——大华纱厂，才只有三万枚纱锭、八百台布机。而且这些工厂设备陈旧、技术落后、生产效率都很低。

　　当时的城市面貌更是破败不堪，"马路不平，电灯不明，电话不灵"是旧日西安广为流传的俗语，连居民吃水问题都不能解决。全市仅有十几辆小型公共汽车，还经常有一半左右因故障停开。

　　西安解放前只有西北大学、西北农学院等寥寥几所高等院校，学生总共两千多人。中、小学校也很稀少，文化教育事业非常落后。

　　1949年5月西安解放后，人民当家做主，生产力得到空前发展。经过几个五年计划，西安就变成一座以机械、纺织为主干的社会主义工业城市。真正是百废俱兴，日新月异，几十年的成就，远远超过了以往数百年的成就。这段历史应该另有专书介绍，本书只写到1949年为止。

本书在编写过程中，曾得到西北大学、陕西历史博物馆等单位的许多同志的大力支持和热情帮助，在此一并表示感谢。

由于我们水平有限，错误在所难免，恳切希望读者批评指正。


一九七七年十月初稿

一九七九年十二月改定

二〇二三年十月再改